授業の腕が上がる新法則シリーズ

「国語」

授業の腕が上がる新法則

監修 谷 和樹

編集 村野 聡・長谷川博之・雨宮 久・田丸義明

学芸みらい社
GAKUGEI MIRAISHA

刊行のことば

谷 和樹（玉川大学教職大学院教授）

一 「本人の選択」を必要とする時代へ

今、不登校の子どもたちは、どれくらいいるのでしょうか。

約一六万人[※1]

この数は、令和元年度まで六年間連続で増え続けています。小学校では、一四四人に一人、中学校では、二七人に一人が不登校です。

学校に行けない原因が子どもたちにあるとばかりは言えません。もちろん、社会環境も変化していますから、学校にだけ責任があるとも言えません。しかし、学校の授業やシステムにも何らかの問題があると思えます。

以前、アメリカでＰＢＩＳ（ポジティブな行動介入と支援）というシステムを取り入れている学校を視察しました。印象的だったのは「本人の選択」という考え方が浸透していたことです。その時の子ども本人の心や体の状態によって、できることは違います。それを確認し、あくまでも本人にその時の行動を選ばせるという方法です。

これと教科の指導とを同じに考えることはできないかも知れません。しかし、「本人の選択」を可能にする学習サービスが世界的に広がり、増え続けていることもまた事実です。例えば「ＴＯＳＳランド」は子ども用サイトではありませんが、お家の方や子どもたちがご覧になって勉強に役立てることのできるページもたくさんあります。他にも、次のようなものがあります。

② オンラインおうち学校[※2]
② Khan Academy[※3]
③ ＴＯＳＳランド[※4]

さて、本書ではこうしたニーズにできるだけ答えたいと思いました。

激動する社会の変化に対応する教育へのパラダイムシフト～子どもたち「本人の選択」を保障する考え方、

そして幅広い「デジタル読解力」を必須とする考え方を公教育の中で真剣に考える時代が到来しつつあります。

そこで、教師の「発問・指示」をきちんと示したことはもちろんですが、「他にもこんな選択肢がありますよ」といった内容にもできるだけ触れるようにしています。

二 「デジタルなメディア」を読む力

ＰＩＳＡ２０１８の結果は、ある意味衝撃的でした。日本の子どもたちの学力はそれほど悪くありません。ところが、「読解力」が前回の２０１５年の調査に続いて今回はさらに落ちていたのです。本当でしょうか。日本の子どもたちの読解力は世界的にそれほど低いのでしょうか。実は、他のところに原因があったという意見もあります。

パソコンやタブレット・スマホなどを学習の道具として使っていない

これが原因かも知れないというのです。ＰＩＳＡがＣＢＴといってコンピュータを使うタイプのテストだったからです。

実は、日本の子どもたちはゲームやチャットに費やす時間は世界一です。ところが、その同じ機械を学習のために有効に使っている時間は、ＯＥＣＤ諸国で最下位です。もちろん、紙のテキストと鉛筆を使った学習も大切なことは言うまでもありません。しかし、写真、動画、Ｗｅｂページなど、全教科のあらゆる知識をデジタルメディアで読む機会の方が多くなっているのが今の社会です。

そうした、いわば「デジタル読解力」について、今の学校のカリキュラムは十分に対応しているとは言えません。

本書の読者のみなさんの中から、そうした問題意識をもち、一緒に研究を進めてくださる方がたくさん出てくださることを心から願っています。

※１ 文部科学省初等中等教育局児童生徒課『平成30年度児童生徒の問題行動・不登校等生徒指導上の諸課題に関する調査結果について』令和元年10月 https://www.mext.go.jp/content/1410392.pdf

※２ オンラインおうち学校（https://www.alba-edu.org/20200220onlineschool/）

※３ Khan Academy (https://ja.khanacademy.org/)

※４ ＴＯＳＳランド (https://land.toss-online.com/)

まえがき

二〇二〇年度より新しい学習指導要領による国語の授業が始まる。教師には新しい国語の授業を展開するための「新しい腕」が必要になる。

「新しい腕」を身につけるにはゼロからのスタートでは困難だ。幸い、これまで教師の先達が日々の実践の中で膨大な教育財産を積み上げてきた。

これら膨大な教育財産を教師の共有財産化しようと提唱されたのが向山洋一氏である。「教育技術の法則化運動」はこうして立ち上がった。

本書は「教育技術の法則化運動」から「TOSS」へと脈々と流れ続けてきた教師による日々の実践を、新しい時代の要請に対応させる形に昇華させ、「新しい腕」として提案している。

新学習指導要領の目玉である「主体的・対話的で深い学び」を実現することは正直なかなか大変である。その「主体的・対話的で深い学び」の最高峰が討論の授業である。討論の授業は高段の芸と言われるほど難しい。

第Ⅰ章では、「主体的・対話的で深い学び」を実現していくための授業づくりのポイントを提案した。ポイントを外さず実践していくことが「主体的・対話的で深い学び」を実現する近道なのである。

こうした「主体的・対話的で深い学び」を実現するためには国語科の「基礎的な学力」が子どもたちに身についていることが前提になる。例えば、漢字が書ける、スラスラ音読ができる、発表をすることができる、作文の基本技能が使えるなどである。

第Ⅱ章ではどのような指導でどの程度できるようにすれば「基礎的な学力」が身についたことになるのか具体的に提案した。

さらに第Ⅲ章・第Ⅳ章では、「どの教材にも使える単元づくりの方法」を提案した。つまり、物語文・説明文における汎用性の高い指導方法の提案である。これさえ身につければ日々の実践に安定感が増すであろう。子供の読解力を習熟させることができるのである。

また、付章として「言葉による見方・考え方」「言語活動の充実」「国語におけるカリキュラム・マネジメント」「ＩＣＴ」を取り上げている。最先端のキーワードを一早く頭に入れることができる。

そして、本書全体を貫く大きな目玉がある。

これまでの教育書にはあまり見られなかった「ビジュアル化」されたページの採用である。

例えば、物語単元の全体構造を一目で見渡すことができるページ、音読指導の全体像を一目で見渡せるように構成したページなどである。これも新しい教育書のあり方を提案しているのである。

本シリーズは今後、各学年別に続々と出版されていくだろう。

本書が「主体的・対話的で深い学び」を実現するために必要な「授業の腕」を身につける手助けになれば幸いである。

村野　聡

目次

Ⅲ 教材が変わっても使える国語の単元づくりの方法　物語編 62

Ⅳ 教材が変わっても使える国語の単元づくりの方法　説明文編

付章 新教科書で押さえたい用語解説 122

1 「主体的・対話的」な授業づくりのポイント

POINT!
討論指導の基本の「キ」

1 目指すは討論型の授業である

「主体的・対話的で深い学び」を授業で実現する場合、主として「討論型の授業」となる。

「討論型の授業」を実現するにはいくつかの指導ポイントがある。

向山型国語の先達の研究成果を踏まえ、整理を加えてみたい。

ちなみに、学習内容の一斉教授を主としたいわゆる一斉授業を円滑に進められる腕があることが大前提である。一斉授業すらできずに討論型の授業をしようとしても、「活動あって指導なし」の失態を演じて終わるからである。一斉授業の腕は、『授業の腕をあげる法則』（向山洋一著）所収の「十か条」を身につけることで飛躍的に高まる。

2 考えをもたせる工夫をしよう

指導ポイントの一は、生徒個々に「考えをもたせるための工夫」である。話し合おうにも討論しようにも、考えをもっていなくてはどうしようもない。しかし、もてと言ってもてるものでもない。初期にはたとえば以下のような指導の工夫が要る。

①AかBかの二択で発問する。

②次のようなフォーマットでノートに書かせる。

> 私は○○だと考える。
> 理由は□つある。
> ひとつめは、～～。
> ふたつめは、……。（中略）
> だから、○○だと考えるのである。

③根拠を挙げて理由を書かせる。

> 本文に「～～」とある。
> これは「……」という意味だ。だから、答えは○○となる。

④教師の書いた文章を例示する。

⑤それでも書けない生徒を一か所に集めて答えを引き出しつつ書かせる。

⑤の手立てを講じなければ、全員参加の討論をつくりあげることは不可能だ。

3 発言耐性を育む工夫をしよう

生徒一人ひとりが自身の考えを書けたとする。それでもまだ「討論型の授業」には程遠い。

なぜか。考えを書けても、声に出して発表するハードルを越えられない生徒が確実に存在するからである。小学校時代に話し合いや討議、討論を経験してこなかった集団ではその傾向が顕著である。「発言耐性」が不足しているのである。

よって、指導ポイントの二は「発言の苦手を克服させるための工夫」となる。

数々の講座や書籍を通して向山洋一氏に学んだ工夫の一部を紹介する。

(1) 声を出す

①音読〈範読・追い読み・たけのこ読み等〉
②指名なし朗読〈自ら立ち朗読する〉

(2) 話をする・語り合う

①SHOW&TELLがよい
②話し易いテーマを設定する
③筆談もよい

(3) 毎時間全員に発言させる

①列指名で慣れさせる
②感想等言い易いことでよい

以上の工夫を、「激励の原則」の上に載せていくイメージである。

4 考えを交流させる工夫をしよう

指導ポイントの三は「考えを交流させるための工夫」である。

(1) 指名なし発表

①書いたままを読ませることから始める
②発言回数の少ない人が優先される

(2) 反論をする

①出された意見を取り上げて反論させる
②論と人を分けさせる

(3) 教材の一か所を訊く

①ある箇所を取り上げて賛否を尋ねる
「冬のあいだに、さけの赤ちゃんは、たまごからうまれます」等。

(4) 発問を用意してもよい

①意見の分かれる発問がよい
②対立する二点に絞り込む

このような丁寧な土台づくりがあって、討論が成り立つ。

ただし、そこにも指導が要る。

最後の五分で考えを書かせる 討論のしかたを教える 評論文をまとめさせる

勉強不足のまま実践すると、討論のしかたを教えただけでいきなり挑ませ、結果として発言の少なさ、発言同士の絡み合いの無さを嘆くことになる。それこそ無謀に過ぎる。

一人の例外もなく基礎的な力を育んだ上での討論指導なのである。

（長谷川博之）

2 有名物語教材で「主体的・対話的」な授業づくりのポイント

POINT! 至極の発問が「主体的・対話的」な学びを生み出す

「主体的な学び」について、文部科学省は次のように示している。

> 学ぶことに興味や関心を持ち、自己のキャリア形成の方向性と関連付けながら、見通しを持って粘り強く取り組み、自己の学習活動を振り返って次につなげる「主体的な学び」が実現できているか。
>
> 中央教育審議会答申（平成28年12月）より

また、「対話的な学び」については、次のように示している。

> 子供同士の協働、教職員や地域の人との対話、先哲の考え方を手掛かりに考えること等を通じ、自己の考えを広げ深める「対話的な学び」が実現できているか。

ここで大切なキーワードは、

①学ぶことに興味や関心を持ち
②見通しを持って粘り強く取り組み
③子供同士の協働、教職員や地域の人との対話、先哲の考え方を手掛かりに考える
④自己の考えを広げ深める

である。

文部科学省が示した定義をもとに整理すると「主体的・対話的」な授業の骨格が見えてくる。これまでの国語授業に隣同士の対話を入れることや、単元の終わりに発表会などの表現活動を入れることで「主体的・対話的」な授業をしていると勘違いしている教師がいる。しかし、これらのキーワードを見る限り、おおよそ性質の異なる間違った授業であることがわかる。

1 二年生物語教材「スイミー」で「主体的・対話的」な授業を仕組む

「スイミー」は一学期の教材である。一学期の段階はどの学年も音読と漢字に力を入れるべきである。子どもたちが音読する姿を見ればわかるが、前学年ではほとんど授業中に音読指導、漢字指導がなされていない。やっていたとしたら素晴らしい担任だ。通常、音読や漢字の練習は、宿題にされる。宿題にすると家庭の環境によってやってくる子とやってこない子が出てくる。やってこない子はどうなるか。昼休みや放課後に教室に残されて教師の前で音読をさせられ、漢字練習をさせられる。

この時点で、「①学ぶことに興味や関心を持ち」が破綻する。このようなことをされて子どもが国語の学習を好きになるはずがない。この悪循環を理解している国語教師ならば、音読や漢字の力は「授業」でつけようとする。

したがって、一学期の国語授業は音読指導に時間を要する。「スイミー」一〇時間の内、六時間は音読、漢字に充てたい。残った時間で内容を学べばよい。

短時間で内容を指導するならば、国語の授業でよく見かける「この時のスイミーの気持ちはどんな気持ちでしょう」とは問うてはいけない。子どもが興味や関心を持ち、自然と話し合うようになる至極の「発問」が必要になる。次のように授業を展開した。

> お話の最後のスイミーは「勇気のある」スイミーですね。お話の最初のスイミーはどんなスイミーですか。最初のスイミーのことがわかる言葉を丸で囲みなさい。

と言って教師が「スイミー」の最初の部分を読んでいく。子どもたちは「こわかった」「さびしかった」「とてもかなしかった」に丸をつける。

それらを発表させ、「スイミー」の話は、こわかったスイミーが勇気のあるスイミーに変わった話だと確認する。

そして、教師が全体に投げかける。

> こわかったスイミーから、勇気のあるスイミーに変わった瞬間は、「ぼくが目になろう」のところだよ。

教師は、絶対に「ぼくが目になろう」のところだと言い張る。言えば言うほど、子どもたちは考え、教師の意見に反発する。これがねらいである。低学年の子どもたちは子どもたち同士での討論がまだできない。そこで、「教師対子ども」の対立構造をつくることで、教師のリードで話し合いを進めるのである。教師を説得しようと子どもたちは様々な意見を発表しようとする。ここで考えられる意見は、以下の通りである。

- **そのとき、岩かげにスイミーは見つけた。**
- **スイミーは言った。**
- **出てこいよ。**
- **スイミーは考えた。**
- **それから、とつぜん、スイミーはさけんだ。**
- **「ぼくが、目になろう」**

もちろん、教師と同じ意見だという子どももいる。教師が意見を整理し、ネームプレートや挙手で意見を確認する。

「ノートにそう考える理由を書きなさい」と指示し、理由を書かせる。低学年ではあるが子どもたちは様々に意見を書く。教師は書いた子を褒め、驚き続ければよい。途中、「意見は、たくさんあった方がいい。もう三行も書いた子がいるよ」と子どもたちを盛り上げる。時には、同じ意見の子を集めて話し合わせる。教師が入ってアドバイスをすることもある。話し合わせた後、再度、ノートに意見を書かせるとさらに意見を書けるようになる。

意見を書いたら、教師がリードしながら発表させる。「『そのとき、岩かげにスイミーは見つけた。』の人たちで理由を言える人はいますか」と順番に理由を言わせていく。一通り、意見を言わせた後、「まだ、どうしても発表したい人はいますか」と聞く。低学年だから意見がかみ合うことはあまりない。意見を発表したいという気持ちを満足させてあげることが大切である。

さて、意見のまとめ方はどうするか。基本、理由を言うことができた意見は認める。物語は書き手を離れた瞬間、その解釈は読み手に委ねられる。上の者が「スイミーの解釈はこうですよ」と言ったとたん、つまらない講義になってしまう。

「先生はこう考えたけれども、みんなの意見の方がすごいね」

とまとめるのがよい。言語活動につなげるならば教科書に書かれてある言葉から理由を発表できた子を大いに褒める。そうすると次から言葉を根拠に考えるようになる。

2 二年生物語教材「お手紙」で「主体的・対話的」な授業を仕組む

二学期になれば、「音読」や「漢字」の指導を短時間で行えるようになる。音読と並行していくつもの発問を投げかけ、場面ごとに授業を展開することができる。場面ごとの「学ぶことに興味や関心を持つ」発問を紹介する。

【一場面】

「ふたりとも、かなしい気分で、……」の「ふたりとも」は間違いだと教師が子どもたちに投げかける。子どもたちは、「ふたりとも」が正しいという理由を探そうとする。

【二場面】

「おねがいだけど、このお手紙をがまくんの家へもっていって、……」の文はかたつむりくんに話すからゆっくりと読まなくてはいけないと子どもたちに言い張る。そうすることで、子どもたちは、かえるくんが急いでいる様子を文章から探し出す。

【三場面】

「『がまくん。』が三つある。この『きみが』は全部同じ読み方をしなくてはいけない」と子どもたちに投げかける。そうすることで「がまくん。」「がまくん。」「でもね、がまくん。」とかえるくんが少しずつ焦っている様子を理解させることができる。

【四・五場面】

最後の「お手紙」を象徴する場面である。ここではいくつもの発問が考えられる。

「主人公は誰でしょう」

がまくん、かえるくん、どちらでも主人公として成り立つ物語である。それぞれの理由を考えさせることで自然と教材を読み深めることができる。

「がまくんが最も感動したところはどこでしょう」

この発問も教材の中に切り込む発問である。話し合いが苦手な学級ならば、教師対子どもの構造をつくればよい。

「がまくんが最も感動したのは『きみが。』のところだよ」

と。そうすることで、子どもたちは他の部分に目をやる。ここで考えられるのは、以下の文。

・「きみが。」
・「ああ。」
・「とてもいいお手紙だ。」
・ふたりともとてもしあわせな気もちで、そこにすわっていました。
・お手紙をもらって、がまくんはとてもよろこびました。

どの部分でも理由が考えられる。様々な理由を考え、発表させることで教材の「見方・考え方」がわかり、自己の考え方を広め、深めることができるのである。

（小田哲也）

3　有名説明文教材で「主体的・対話的」な授業づくりのポイント

シンプルシステムが子どもの主体的・対話的な読みを助ける

1　説明文指導における主体的・対話的な学びとは

主体的・対話的な授業づくりのヒントが、各教科における「見方・考え方」である。国語科における「見方・考え方」は、「内容がどう論理的に表現されているか」「どう書かれているからわかりやすいのか」などについて考えることを意味している。

説明文指導では、「筆者の主張」と「構造」を理解することで、これらの「見方・考え方」を知ることができると考える。

「筆者の主張」と「構造」を理解する上で、シンプルにわかりやすく、しかも作業を伴う学習が望ましい。その最たるものが、向山型説明文指導である。

2　二つの説明文指導の型

従来の説明文指導には、大きく分けて二つある。

①要約指導型
②問答型（問いと答え型）

である。

3　要約指導型

要約指導型は、粗く言って、「段落要約」と「全文要約」がある。

向山型要約指導をすると子どもの書く要約文がほとんど同じになる。

逆に言えば、いろいろな要約文が出るのなら、要約指導をしたことにならないのである。

【体言止めの指導】

要約指導をしたとき、キーワードをうまくつなげることができない子どもがいる。そのため、事前に体言止めの指導をして慣れさせておく必要がある。

①「昨日、私は、公園へ行った。」と書きなさい。

②「私」で終わる文に書き直したら、持ってきなさい。ノートを見せに来させて○をつけていく。

（「昨日、公園へ行った私。」）

間違っていたら、×をつけてもう一度書き直しをさせる。子どもは、楽しそうに挑戦してくる。

③「昨日」で終わる文に書き直しなさい。書けたら持ってきます。

（「私が公園へ行った昨日。」）

※ノートを見せに来させると、次のような間違いをする子どもがいる。

「公園へ行った私は昨日。」

助詞の「は」を「が」に変化させなければならない。

これもノートを見せに来させて正しければ○をつけていく。

④「公園」で終わる文に書き直しなさい。

（「昨日、私が行った公園。」）

今度は、簡単である。どんどんノートを見せに来させて○をつけていく。このように、体言止めの指導をすることで要約文を書くとき自然に書けるようになるのである。

【桃太郎の要約】

最初の指導は、誰もが知っている桃太郎の要約から始める。

①桃太郎のお話を簡単に確認する。

②「桃太郎のお話を二〇字以内でまとめます。句読点も一文字として数えます。書けたら持ってきます。」

③それぞれ書いてきたものを教師が○をつけて、黒板に一〇人ほど縦に板書させる。

④「この言葉がなければ、この話が成り立たないという言葉は何でしょうか。書きなさい」

※最初の指導なので、子どもの実態によっては、漢字三文字などヒントを与えてもよい。（桃太郎）

④「次に大切な言葉は何ですか」

（犬・猿・雉）（鬼退治）

⑤「犬・猿・雉」「鬼退治」「桃太郎」を使って、桃太郎が最後になるように、二〇字以内でまとめます。

「犬・猿・雉と鬼退治に行った桃太郎。」が要約文となる。

【要約指導のポイント】

1 キーワードを三つ選ぶ。
2 もっとも大切なキーワードを選ぶ。
3 最も大切なキーワードを文末におく。
4 二〇字以内で要約する。

【段落要約の指導】

「生き物は円柱形」（光村図書、五年生）を使って要約指導をする。

①何度も音読をさせる。
②「第一段落を二〇字以内に要約しなさい」
③ノートに書けたら見せに来させて〇をつける。それを板書をさせる。
③一〇名程度が板書したところで、一〇点満点で採点をしていく。
④キーワード一つにつき、三点。三つ共にキーワードがあっていて文も正しければ、一〇点満点である。
※ただし、字数制限を守らせるので、一文字でも二〇字を超えたら、零点である。
⑤「黒板に書かれた点数を見て、気づいたことを言いなさい」
多くは、キーワードに気づく。
⑥「この言葉がなければ、この話が成り立たないという言葉は何ですか」
⑦共通性、生き物、円柱形が段落のキーワードである。
⑧「三つの中で一番重要な言葉は何ですか」(円柱形である。)
⑨「円柱形を最後に持ってきて書き直しなさい」(体言止めで書き直しをさせる)
⑩「生き物の共通性は円柱形」になっていればよい。
⑪同じようにして、第二段落も要約させる。要約文は「指・腕・足・首・胴体も体全体も円柱形」となる。
キーワードは、指・腕・足・首・胴体で一つのまとまりと考えて、残りは体全体と円柱形である。

【全文要約の指導】

『鳥獣戯画』を読む」(光村図書、六年生)の全文要約をさせる。
①「『鳥獣戯画』を読む」を読んで全文を二〇字以内で要約しなさい。
②ノートに書けた子どもから見せに来させる。
③ノートを見て〇をつける。
④〇をつけた子どもに発表させ、板書させる。(何を書いてよいかがわからない子どものモデルとさせる)
⑤キーワードのみ線をひき、次々に採点をしていく。(キーワードが入っていれば三点)
⑥「もっとも大切な言葉は何ですか」(『鳥獣戯画』である)
⑦「最も大切な一文は、どれですか。指を置きなさい」
⑦お隣と確認しなさい。
※いきなり線をひかせると間違っていた時に時間差がでるし、自尊感情も損ねる。
⑧「お隣と一緒だった人」
⑨「読みなさい」
⑩「そこに線を引きなさい」
※通常は、最初か最後の段落にある。この文章の場合は、最後の段落が

まとめになっている。
⑪大切な一文は「『鳥獣戯画』は、国宝であるだけでなく、人類の宝なのだ。」である。
⑫これを「鳥獣戯画」で終わる文（重要キーワードで体言止め）に書き直すと、「国宝であるだけでなく、人類の宝である鳥獣戯画」となる。

4 問答型（問いと答え型）

基本の型は、次の通りである。

①形式段落に番号をつける。
②問いの段落を見つける。
③問いの文を見つける。
④問いの文の横に線を引く。
⑤問いの一文字に○をつける。
⑥答えの段落を見つける。
⑦答えの一文を見つける。
⑧答えの一文に線を引く。
⑨問いと答えを対応させる。

といった問いと答えで、全体の構造を確定して行くやり方だ。問いの段落と答えの段落があると文章全体の構造がわかりやすく、全体の意味を理解しやすい。これは、実験や観察による実証的な文章に多い。

【問いと答えをつなぐ実験や観察】

説明文には、問いの段落と答えの段落を持つものがある。そういう文章には、問いから答えに向かうときに、その根拠を示すために実験や観察について書かれた段落がある。

例えば、「ありの行列」（光村図書三年生）がそうである。

一段落が問いの段落であるのに対して、九段落が答えの段落である。

その間をつなぐ段落には、主に、ウイルソンという学者が行った実験と観察のことが書かれている。

まとめると次のようになっている。

一段落は、問いの段落である。
二段落～四段落は、実験である。
五段落はウイルソンの仮説である。
六段落は観察について書かれている。
七段落～八段落は、ありの行列のでき方の説明をしている。
九段落は、答えの段落である。
十段落は補足である。

すなわち、問いの段落と答えの段落を捉えることで、説明文で何を伝えたいのかがわかる。

その根拠となる実験や観察が途中の段落で述べられているという文章構造になっていることがわかる。

（原田朋哉）

4 話す・聞く単元で「主体的・対話的」な授業づくりのポイント

POINT!

苦手な子も巻き込む「評定」を入れた授業づくり

1 各学年の目標から見た「話す・聞く」授業のイメージ

「思考力、判断力、表現力等」の「A話すこと・聞くこと」にある各学年の目標を比較する。どの学年も「日常生活における人との関わりの中で伝え合う力を高め」ていくことを目指している。

> 第一学年及び第二学年
> (2)順序立てて考える力や感じたり想像したりする力を養い、(中略)自分の思いや考えをもつことができるようにする。

> 第三学年及び第四学年
> (2)筋道立てて考える力や豊かに感じたり想像したりする力を養い、(中略)自分の思いや考えをまとめることができるようにする。

> 第五学年及び第六学年
> (2)筋道立てて考える力や豊かに感じたり想像したりする力を養い、(中略)自分の思いや考えを広げることができるようにする。

比較すると見えてくる。低学年は、「自分の思いや考えをもつ」であり、中学年は「自分の思いや考えをまとめる」であり、高学年は「自分の思いや考えを広げる」である。

2 「主体的・対話的」な学習のキーワード

> ①学ぶことに興味や関心を持ち
> ②見通しを持って粘り強く取り組み
> ③子供同士の協働、教職員や地域の人との対話、先哲の考え方を手掛かりに考える
> ④自己の考えを広げ深める

以上四つが、「主体的・対話的」な学習のキーワードである。これらを一つの授業に全て盛り込むわけではない。また、一つの授業に①~④

のいずれかが絶対に入っていなければならないというわけではない。単元を組み立て、授業を展開していく上での視点が上記①～④となる。

3 「スピーチ型」でできる汎用的指導法

「話す・聞く」の教科書教材によくある学習が、「大すきなもの、教えたい」のような「スピーチ型」の学習である。お題に沿った内容をあらかじめ作文し、それらを発表するという学習である。「スピーチ型」の学習で困るのが、聞いている側の子どもたちが飽きてくる時である。発表を聞かなくなったり、ざわついたりした結果、教師から怒られる。よくある風景である。逆に話す側の困ったこととして、声が小さくて何を言っているかわからないことも多い。

　このような困ったことへの対策こそが、「主体的・対話的」な学習を実現させる第一歩となる。ここでは、「話す」側への指導と、「聞く」側への指導の二つに分けて紹介したい。

スピーチ型学習【話す】側への指導

　原稿を書き終えたら発表させる。次のように指導する。

> （教師）「みんなの発表に先生が一〇点満点で点数をつけます。今日は五点以上の人は合格です。先生が見るところは、みんなに聞こえる声で発表しているかどうかです」

評定の基準を子どもたちに伝える。

> （教師）「全員起立。一回だけ発表の練習をします。みんなに聞こえる声で練習をしたら座ります」

　いきなり発表するのは、苦手な子にとって難しい。一度、全体で練習の場を設ける。

> （教師）「名前順に発表します。先生がやめと言ったらおしまいです。名前順の一番から四番までの人前に出て準備をしなさい。では、一番のAさんどうぞ」

（A）「ぼくが、大好きなものは、まんがです」
（教師）「三点」
（B）「わたしが、大好きなものは、アクセサリーです」
（教師）「二点」

　このように、短い文で切って評定を入れていく。全部を読ませてから評定するわけではない。この指導法は向山洋一氏が提案した「個別評定」という指導法である。テンポよく進めていけば三〇名の児童の評定が五分ほどで終わる。

　全員が一通り終われば、二巡目となる。二巡目は、一巡目より点数が高くなる。合格の五点以上の子も出てくる。このようにして、三巡目ぐらいまで発表を行わせる。

　三巡目のポイントは、全員を合格させることである。前に出て発表するだけで立派なことである。そこを認めて、全員五点以上の点数にする。極端に声が小さい子がいた場合、

（教師）「二巡目よりも声が大きくなったね。五点」

となる。

　苦手な児童は、一回の指導で大きな声を出すことはできない。このような指導を何度も繰り返し行うことで次第に声が大きくなってくる。決して、「もっと大きな声で」と圧力をかけてはいけない。

スピーチ型学習【聞く】側への指導

　話すを評定していると同時に、聞くことへの指導も行う。そうしなければ子どもたちは、聞くことに飽きがきて騒ぎ出す。聞く側が声を出すと発表側の声が聞こえなくなる。

> （教師）「聞く人はノートに感想を書いていきます。発表している人を見て思ったことを箇条書きで書いていきます。全員分でなくてもいいです。何か思ったら書けばいいですからね」

　最初は書き方がわからない児童もいる。一人目の発表が終わった時に書いた児童の感想を数人に読ませる。そうすることで、感想の書き方のイメージがもてる。

　発表一巡目が終わった時に、教師が聞く。

（教師）「感想を五個以上書いた人？」

　たくさん書いた子を褒めることでクラス全体のレベルアップをはかる。

　三巡目が終わったら、感想を発表させる。次々と子どもたちが見つけた発表の良さが交流される。発表後にいくつ感想を書けたかを言わせることで評価もできる。

4 「話し合い型」でできる汎用的指導法

　教科書の話す聞く単元には、話し合いの教材もある。例えば、「班でする遊びを決める」という話し合いのモデルが教科書に提示されている。それを学んだあと、「皆さんも

班で話し合いをしてみましょう」という流れである。この「話し合い型」の学習は低位の子にとって参加が難しい。しかも、それぞれの班で話し合いを進めた場合、教師が班の内容を把握できずに、評価もできない。

そこで、低学年の場合は、次のように段階を踏まえて指導する。

【段階一】音読練習

教科書には班の発表の役割が掲載されている。それを、担当を決めて発表練習をする。教科書を読む練習である。この練習で、やるべきこと、発表の仕方がわかるようになる。音読ができるようになったら、班ごとに発表させる。

発表は、グループごとに行わせる。そしてグループの発表を評定をする。前述した「スピーチ型」の発表のように、一〇点満点で五点を合格とする。班ごとに発表させ、教師が点数をつける。一巡、二巡と繰り返すごとに点数が上がっていくので子どもたちはノリノリで挑戦する。

【段階二】内容修正・発表

次は、内容を修正する段階になる。内容の修正は大幅修正はよくない。班の中でついてこれない子が出てくるからである。したがって、修正するのは一部分だけでよいことにする。例えば、班で遊びを決める内容であるならば教科書の班の結論がドッジボールになっていたら、そこを、かくれんぼにするという程度である。そうすることで、途中の話す内容にも若干修正が出てくる。修正ができたら班で練習し、発表をする。

ここでも、グループごとに評定をする。前述した「スピーチ型」の発表のように、一〇点満点で五点を合格とする。合格ラインは六点にしても七点にしてもよい。教師が子どもたちの反応や発達段階を考慮して合格ラインを設定すればよい。

班ごとに発表させ、教師が点数をつけていく。ここでの評定には、どのように修正したかも反映される。教科書ではドッジボールだったのが、どんな遊びになって、その理由をどう発表しているのかも評定結果に踏まえると盛り上がる。

ここでも一巡、二巡、三巡と繰り返すごとに点数が上がっていく。一巡目の結果や他の班の発表を見て自然と班の中で話し合いが始まり、新たに内容の修正をして次の発表に備える班も出てくる。それも認める。子どもたちは評定が大好きである。

（小田哲也）

5 書く単元で「主体的・対話的」な授業づくりのポイント

POINT!
達意の文章を書かせることが「主体的・対話的」な授業づくりの近道である

主体的・対話的な授業づくりに欠かせないのは、「論理的な思考」をさせることである。

論理的な思考をさせるためには、頭の中だけで考えていてはいけない。

文章にして紙に書いて、頭の中を整理する必要がある。

ただ書いただけではまだ足りない。

正確に意味が伝わる文章、つまり「達意の文章」で書くことが大切だ。

「達意の文章」には、いくつかの条件がある。

一 文末表現が一貫している。
二 句読点が正しく打ってある。
三 主語と述語が対応している。
四 主語と述語がある。
五 漢字、言葉遣いが正確である。
六 助詞「てにをは」が正確に書ける。
七 一文を短くすること。
八 事実のみを書くこと。

1 文末表現が一貫している

要するに「常体と敬体の統一」のことである。「～です。～ます。」という表現で終わる場合と、「～だった。～した。」という表現で終わる場合と二種類がある。

子どもの作文を見ると、

「今日、学校で遊んだ。太郎君と野球をして遊びました。」

の、敬体（です・ます）と常体（だ・である）が混同する文になる。正しくは、

「今日、公園で遊びました。太郎君と野球をして遊びました。」

となる。子どもは、常体か敬体かなど、意識していないので、まず、敬体を中心として指導する。子どもたちが目にする文章（教科書など）は、ほとんどが敬体中心だからだ。

敬体とは、「です。ます。で終わる文です」（でした。ました。ですか。ますか。）と教える。

その後、少しずつ常体を教える。

常体とは、「だ。である。だった。などで終わる文です」と教える。

例えば、次の文を敬体（です。ます。）に直す。

「今日の給食は、ラーメンだ。」

↓

「今日の給食は、ラーメンです。」

「お母さんは、買い物に行った。」

↓

「お母さんは、買い物に行きました。」

といったように、簡単な文を直すことから指導する。

2 句読点が正しく打ってある

次の文を写しなさい。

「ここではきものを脱いでください。」と板書する。

列指名で当てていき、読ませる。

①「ここで、はきものを脱いでください。」と、②「ここでは、きものを脱いでください。」のように、二通りの解釈が出る。①は、脱ぐのは「はきもの」であり、②は、脱ぐのは「きもの」になる。

句読点を次のように説明する。

句点「。」は、文の終わりにつけます。読点「、」は、文の意味の切れ目につけます。読点は、打つ場所によって、意味が違ってくるので気をつけましょう。

3 主語と述語が対応している

読みます。

「私の夢は、プロ野球選手になりたい。」

「この文は、正しいでしょうか。正しいなら○、正しくないなら×と書いて、理由も書きましょう」

答えは、×になる。一見よさそうな文だが、よく読むと変である。

なぜなら、主語は「私の夢」である。述語は「なりたい」になる。

これでは、主語と述語が正しく対応していない。

「主語」と「述語」が対応していない文を「ねじれ」と言う。

始めのうちは、主語と述語を近づけるようにして書く。

文を書く時に大切なのは、何を主語にするのかをしっかりと決めておくことである。書き直すと、「私の夢は、プロ野球選手になることです。」となり、これなら「主語」と「述語」が対応している。

4 主語と述語がある

「ご注文はお決まりですか？」

「これは、誰が誰に言っている言葉ですか。説明しなさい」

「お店の人が、お客さんに注文を聞いている言葉です」

このように、日本語は、主語がなくても通じることが多々ある。だから、文を書く時に、主語を省いて書いてしまうことがある。

基本を身につける小学校段階では、きちんと主語と述語が対応した文章を書けるようにしておきたい。

5 漢字、言葉遣いが正確である

これは、授業で漢字を習った後、できるだけ使うようにさせるのがよい。

例えば、日記の宿題を出し、漢字一つにつき一〇点入るようにする。

日記も、ゲーム感覚でやることができるので、意欲につながる。

「『短い』と『短かい』はどちらが正しいですか」など、おくり仮名を間違えやすい漢字を二つ並べて、クイズ形式で教えていくこともできる。

6 助詞「てにをは」を正確に書ける

「てにをは」とは、助詞をわかりやすく示したものである。主語を表す「は」や「が」も助詞である。

低学年でもできる指導は、「タオルお入れた。」や「私わ食べた。」など、何食わぬ顔をして、わざと間違えた文を板書し、気づかせるという手法もある。

私□する。と書いて、□に入る言葉をできるだけたくさん出させる。

「が、も、で、を、は、に」等が出るだろう。そして、出された言葉を書いた人に一つずつ読ませて、説明させていく。

例えば、「私がする。って、どういう状況ですか?」と聞くと、「私が勉強する。」「私が料理する。」のように答える。

「私でする。」「私をする。」「私はする。」「私にする。」など、一つひとつの言葉のシチュエーションを定義させる展開は、楽しいし、エピソード記憶としても定着を図ることができる。

7 一文を短くすること

一文を長く書くと、論理的な思考はできない。人間の記憶容量には、限界があるからだ。

長ければ長いほど、意味不明な文になる。

例えば、次のような文がある。

> 私はパソコンを打ちながら歌を歌っている兄に話しかけて、昨日のことを考えてみたら私が悪かっ

たので、あやまろうと思ったけど、兄がその時パソコンを閉じて、向こうに行ってしまって残念だった。

この文は、そもそも、「私」は兄に話しかけたのか、それとも話しかけなかったのか、判別がつかない。これを分解し、一文一義に直す。それだけで明確になる。

兄がパソコンを打ちながら歌を歌っている。私は昨日のことを考えてみた。私が悪かった。私は、兄に話しかけてあやまろうと思った。その時、兄がパソコンを閉じた。兄は向こうに行ってしまった。残念だった。

こちらの方がスッキリする。子どもには、「丸（区点）一つでレベルが一上がる」と伝える。

前の文は、レベル一。

書き直した方は、レベル七。

このようにすると、ゲーム感覚で学習することができる。

8 事実のみを書くこと

向山洋一氏は次のように述べる。

およそ「作文指導」とは「形容詞をいっぱいくっつけた文」を書けるようにすること、「思ったこと、考えたこと」を書けるようにすることが中心になる。

したがって、「レトリック」など文のお洒落を教えることを重視されていた。

しかし、その前提として、後者の「思ったこと、考えたこと」を重視していたとも言える。

最初は、次の二点に気をつけて指導する。

①形容詞等をできるだけ削除する。
②事実のみを書く。

「事実のみを書く」というのは、簡単なようで簡単ではない。

向山氏は、一時間を使って授業をしている。

授業展開は次の通りである。

①「事実と考え」の違いを説明する。
②指示「ノートに事実の文を五つ、考えの文を五つ書きなさい。」
③黒板に事実を示す文を書かせる。
④三つを取り上げて検討する。
⑤応用問題を出す。

達意の文章を書かせることが「主体的・対話的」な授業づくりの近道である。

（原田朋哉）

6 読む単元で「主体的・対話的」な授業づくりのポイント

POINT!
討論に耐えうる発問を見つけよう

1 討論が成立する発問を見つける

「主体的・対話的」な授業とは討論の授業のことである。向山洋一氏は著書の中で、「討論の状態」である「集団思考」について、次のように指摘する。

> 「異なる意見を発表し、それを検討し、整理するという、学習方法としては根幹ともいえる方法を身につけることである。「学習意欲をひきおこすことである。」
> （向山洋一『「楽しい国語」授業の法則』学芸みらい社、二〇一七、一五六頁）

討論の授業こそが「主体的・対話的」な授業そのものであるということだ。

読む単元で討論を成立させるには、優れた発問が必要である。意見の分かれる発問、自ら考えたくなる発問がなければ、討論の授業にはならない。『モチモチの木』や『スイミー』で主役を問うても意味がない。誰が読んでも、主役が明らかだからだ。

教材文の特性や児童の実態に応じた発問を検討することが肝要である。

意見が分裂する（慣れないうちは二つに分かれる）発問、全員が答えを持つことができる発問が理想だろう。

2 討論が成立する型を教える

討論が成立するためには、いくつかのスキルを子どもたちに習熟させなければならない。

第一は、意見の書き方スキルである。

> ぼくは○○くんだと考えます。
> りゆうは○つあります。
> 一つ目は、　　からです。
> 二つ目は、　　からです。
> 三つ目は、　　からです。
> だから、ぼくは○○くんだと考えます。

自分の考えを書いた後に理由を書く。理由の書き方も同じ型を使わせる。毎回同じパターンだから、どの子も書けるようになっていく。型が同じだと、発表の時に、聞く方もわかりやすい。

「理由を一つ書けた子は先生に見せ、板書する」という型も毎回同じである。書くのが苦手な子も、板書された友だちの意見を参考にすることができる。

・自分の立場を決めたら座る。
・隣の人と相談する。
・ノートを見せに来ていない人は先生と相談する。

といった指示も毎回入れることで、全員が自分の考えを持てるようになっていく。

　理由を書く時に、文章中の言葉や文字を根拠にすることも教える。単なる思いだけでは理由にならないことを教えるのだ。

教科書の○ページに「〜〜」と書いてあるからです。

といった引用の仕方も教える。慣れれば低学年でもできる子が出てくる。「教科書を証拠にすると説得力あるなあ」等、取り上げて評価してやる。

　第二は、発表の仕方スキルである。

　大切なのは、ノートに書いている通りに読ませることだ。ノートに書いてあるから、どの子も安心して発表できる。「書いていないことも言っていいよ」と言うと、発表の得意な子ばかり活躍する授業になってしまうだろう。

　また、スムーズな話し合いができるクラスにするには、聞き取りやすい声で話せる子を増やすことが大切だ。

・ノートを持って話す。
・一番遠い人に聞こえる声で話す。
・話が終わってから腰掛ける。

「相手意識」を持たせる観点を具体的に教え、個別評定を入れると、子どもたちの声は確実に変わっていく。

　第三は、メモを取るスキルである。

　人の話を聞きながらメモを取る。これは大人でもかなり難しいスキルであり、当然継続した練習が不可欠だ。

　まず簡単なメモの仕方を教える。

　メモは自分のためにすることなので、丁寧な字でなくてもよいことや記号などで素早く書くことを教える。

・発表した人の名前
・その人に賛成か反対か（○、×）

　最初はこの二つだけ書けていればよい。

　慣れてきたら、気になる言葉や疑問を書かせるように指導する。質問できる子が出てくると、授業が対話的な活動になってくる。

　スキル指導を毎回続けることで、一方通行だった発表が少しずつ「噛み合う」内容に変化していくのだ。

（田中一智）

田中一智

主役はだれでしょうか？（光村・東書）

お手紙

八時間計画　六・一一月

準備物

・教科書の挿絵をカラーコピーした掲示物
・『がまくんとかえるくん』シリーズの絵本（文化出版局）

第一〜三時　範読・音読

※「音読指導の授業パーツ」（40〜41ページ）参照

第四時　登場人物を検討する

①「登場人物は誰が出てきますか」
「ノートに書き出しなさい」

②登場人物の「定義」を確認する。

登場人物とは、お話の中に出てきて人間のように考えたり話したり、動いたりする人や動物や物のこと。

③登場人物を確定する。
・がまくん・かえるくん・かたつむりくん

第五時　会話文を検討する

①「誰のセリフか調べましょう」
「がまくんのセリフにはが、かえるくんのにはか、かたつむりくんのにはかたと書き入れなさい」

②「役割読みをします」
「一号車はがまくん、二号車はかえるくん、三号車は地の文、かたつむりくんは全員で読みましょう」

第六時　挿絵で場面を検討する

①「挿絵は全部で何枚ありますか」
「教科書の絵に番号を付けなさい」

②「この絵は誰の家ですか」
「絵の横に『がまくんの家』と書きなさい」
※全ての挿絵に書かせる。

③黒板で「答えあわせ」する。

④二枚の絵を比べる。

情報の扱い方

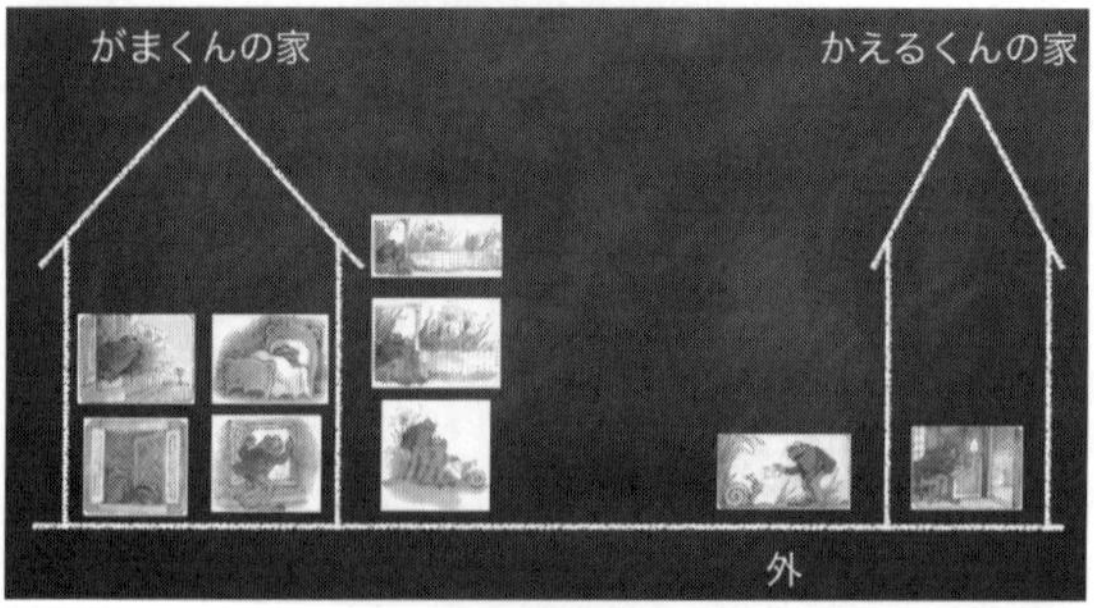

板書例※挿絵は東京書籍版のもの。

第七時　主役を検討する

問題を発見する

①「主役は誰ですか」
「ノートに書きなさい」


『お手紙』を学習する前に、「主役」が明確な作品で「主役」について学習しておく。

　光村の教科書であれば『スイミー』、東書の教科書であれば『風のゆうびんやさん』が適当だろう。いずれも「主役」がわかりやすい作品なので、初めて「主役」を指導するのに向いている。

問題を追求する

②「理由をノートに書きなさい」
「一つ書けたら持ってきなさい」

討論

かえるくん派

・たくさん出ているから。
・どの場面にも出てくるから。
・手紙をがまくんにあげたから。
・がまくんの気持ちを変えたから。
・かえるくんがいないと、このお話ができないから。
・がまくんにやさしいから。

がまくん派

・お手紙をもらったから。
・気持ちが変わったから。
・一番初めに出てきたから。
・たくさんしゃべっているから。
・お手紙をもらったことがないのに、もらったから。

討論・論争する

③黒板に書かせる。
「発表しましょう」

　相談タイムを取り、相談したりメモしたりする。

「質問したいことはありますか」

> ぼくは○○くんだと考えます。
> りゆうは、二つあります。
> 　一つ目は、　　からです。
> 　二つ目は、　　からです。
> だから、ぼくは○○くんだと考えます。

異なった意見を認める

④「まだ言いたいことがある人はいますか」
　教師の考え（答え）を告げた上で、それぞれの考えに根拠があればよいことを伝える。

結果をまとめる

⑤「友だちの意見を聞いてわかったことや思ったことを書きましょう」

第8時　他のお話を聞く

①『がまくんとかえ **読み聞かせ** 他の話を読み聞かせする。
②「教科書のがまくんと一緒かな」
③「感想を言い合う」

【読む単元で「主体的・対話的」な授業づくり そのポイント】　討論に耐えられる発問かどうか

1 「基盤的な学力」とは

POINT! 「基盤的な学力」としての三つの力を保証する

1 「基盤的な学力」とは、何か

平成三〇年六月に、文部科学省によって出された文書には、次のようにある。

> 語彙の理解、文章の構造的な把握、読解力、計算力や数学的な思考力など基盤的学力の定着（以下、略）

国語科における「基盤的な学力」として、以下の三点を挙げる。

① 語彙を理解する力
② 文章を構造的に把握する力
③ 読解力

2 「語彙を理解する力」の保証

ここでの「語彙」とは、その語を「聞いたり読んだりして意味がわかる語彙」を指す「理解語彙」である。

子どもたちの「理解語彙」を保証するためには、子どもたちが、新たな「語彙」に出会うごとに、その意味を理解していく機会を増やしていくようにすればよい。

まず、「国語辞典・漢和辞典（以下、辞典）」の使い方の指導行う。そして、授業の中で、子どもたちが「辞典」を使う機会を、教師が意図的に増やすようにする。

具体的には、教科書で学習している語を、いくつか提示し、子どもたちに「辞典」でひかせるようにする。普段の国語の授業の中で、子どもたちがわからない語があった際に、自主的に「辞典」をひけるような「習慣化」をしていく。

3 「文章の構造的な把握」

文章の「構造的把握」を保証するためには、以下のような具体的な指導が必要となる。

> ① 事実と意見を区別する指導
> ② 要約指導
> ③ 主題を捉える指導
> ④ 文章の構成に関する指導

この四点の中で、小学校段階にお

いて中心になるのは、「②の要約指導」である。向山洋一氏は、「桃太郎の要約」の実践を公表している。
　その実践を参考にして、以下のようなステップを踏ませる。

① 文章全体のキーワードを、三つ選ぶ。
② 三つのキーワードの中で、最も大切だと思うキーワードを一つ選ぶ。
③ 最も大切なキーワードを文末にして、二〇字以内に要約する。
④ 要約文の中に、三つのキーワードが入るようにする。

　この方法は、一般性がある。子どもたちは、一度この方法を学ぶと、他の文章にも応用ができる。文章の要約を繰り返し経験することにより、文章の「構造的把握」の保証につながる。

4 「読解力」の保証

「読解」は、『国語教育指導用語辞典』（教育出版）によれば、以下のように定義される。

文章（テクスト）に接触し、文章に内包された情報を、読者と書き手とが共有するコード（文章表現の規則や約束事）と読者に既有の知識・情報および経験とを手がかりとしながら解読し、それを理解し、解釈に至る、読者の一連の行為を指す概念

　ここでの「共有するコード」として、説明的文章であれば、「問い—答え」の構造を、子どもたちに捉えさせることは、読解力の向上につながる。また、文学的文章であれば、「分析批評」による学習が該当する。「分析批評」とは、文章中に書かれている言葉を基にして、分析を進める方法である。「分析批評」のコードとして、主なものを挙げる。

① 話者の視点
② 対比
③ イメージ
④ クライマックス
⑤ 主題

　これらの「分析批評用語」は、一つの文学作品の読解に留まらず、他の作品への転用が可能になる。子ども達自身による「読解力の向上」の道が開かれる。

（松本一樹）

2 漢字の定着率を高める指導方法

POINT! 毎日の授業の中で「漢字の覚え方」を身につけさせる

1 主体的な学びの土台づくり

向山洋一氏は次のように述べている。

> 「指書き」「なぞり書き」「写し書き」の方法を教えると、子どもの漢字の力がグーンと向上する。いちばんよいのは、子どもが、「漢字の覚え方」を身につけるということだ。「新しい漢字が出てきたら、こうやって練習すればいいのだな」ということがわかるのである。
> （『教え方のプロ・向山洋一全集35』明治図書出版、二〇〇二、二二頁）

「漢字の覚え方」を習得するには時間がかかるが、一度身につけると、子どもたちは自主的に学習ができるようになる。漢字指導を毎日行うことは、子どもの主体的な学びの土台作りにつながる。しかも「漢字の覚え方」を身につけた児童は、他の場面でもそのスキルが使えるようになる。声を出すことや指書きの良さを知った子は、英単語や社会科の用語を覚えたい時も、「漢字の覚え方」を活用するようになる。毎日の授業の中で、正しいインプットの方法とアウトプットの方法を繰り返し教える。それこそが、漢字の定着率を高める唯一の指導方法なのだ。

2 イメージ化できる言葉で指示する

向山氏は前掲書の中で、「最も大切な点は、次のこと」だと指摘している。

> 指で書けるようになるまで、鉛筆で書かせない。（前掲書、一六頁）

「指書き」は身体的スキルである。指導する際には、体育科でテクニカルポイントを指導するような視点が必要である。言葉で説明したり手本を見せたりするだけでは、全ての子はできるようにならない。身体的スキルを習得させるためには、大切な視点が二つある。

第一は、やることがイメージできる言葉を使うことだ。シンプルで具体的な指示をすることだ。

「筆順を見ながらやりなさい」「自分の耳に聞こえる声で唱えなさい」「爪の色が少し変わるくらい、指の腹をくっつけなさい」「机に文字が見えるくらい速くやる」

第二は、感覚を体感させることだ。指示の言葉を教師がどれだけ吟味しても、感覚をイメージできない子は存在する。「指の腹を机に付けます」と指示しても指が離れたり爪で書いたりする子がいる。彼らは「指の腹が机に付く」感覚がイメージできない。その子の指を机に軽く押し付けてやったり、手の平に教師が指書きしてやったりすると、正しい指書きができるようになる。

「筆順は小さな声で唱えなさい」と指示するだけでは、適切な声量がイメージできない子がいる。その子には、隣に行って教師が小さな声で筆順を唱えるのを聞かせる。

それぞれの子が体感できる手立てで教えることが大切なのだ。

3 短く何度もアウトプットさせる

知識を習得するのに復習が大切なのは言うまでもない。インプットした情報を何度もアウトプットすることで、その知識は確実に記憶されるようになる。高学年であれば、エビングハウスの「忘却曲線」や最新の脳科学の話をしながら、アウトプットがなぜ大切なのかという趣意説明を行う。自分自身の経験を思い出しながら、子どもたちはアウトプットの大切さに納得するはずだ。

アウトプットの指導で気をつけなければならないことがある。「短く何度も」という視点を持つことである。

長時間やらせたり大量にやらせたりすることは効果がない。単純作業の繰り返しを子どもは嫌がる。嫌々やった学習に効果がないことは、脳科学的にも証明されている。

短時間の復習場面を何度も設定する。『あかねこ漢字スキル』の練習ページや授業のスキマ時間を活用する。学級の実態によっては、宿題にしたり朝学習の時間を使ったりすることも効果的だろう。学級通信で「晩御飯の前に、三文字でも指書きさせて、それを見てやってください。」とお願いするのもよい。

もちろん学習の成果には個人差がある。数回のアウトプットで覚えられる子がいる一方、個別に数回のプレテストをやらせても覚えられない子がいる。「正解」はないので、思いついた手立てを次々に打っていく。その子が「僕、漢字得意かも」と言う日まで続ける。

・最初の頃、テストの問題数を減らす。

・ノートに書かせる文字を大きくさせる。

・少しでも点数が上がったら、保護者に電話を入れ、家で褒めてもらう。

（田中一智）

田中一智

毎日の授業の中で「漢字の覚え方」を身につけよう

新出漢字の指導は国語の授業時間に行う。TOSSが開発した『**あかねこ漢字スキル**』（光村教育図書）を使うと、誰でも効果的な漢字指導を行うことができる。

この教材は一週間五日間を一サイクルとして新出漢字を習得させるシステムになっている。

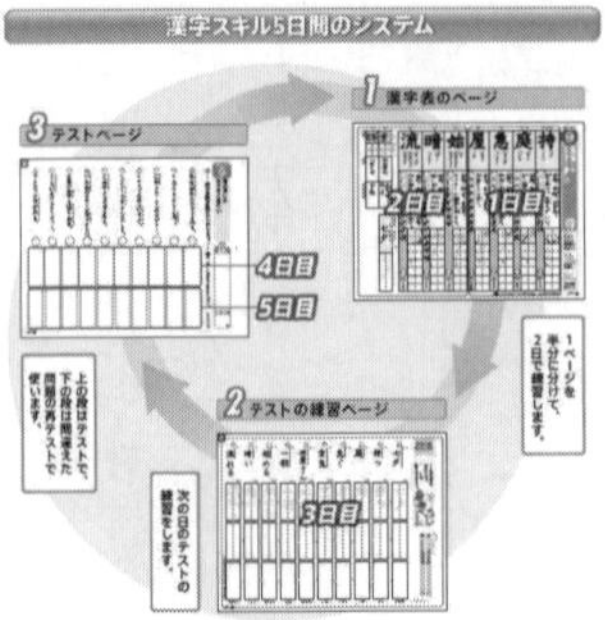

【引用】光村教育図書「学びにプラスエデュサプリ」
https://edusup.jp/navi/20170317

1 指書き

【筆順を見ながら書く】

1 鉛筆は持たない。
2 筆順を唱えながら書く。
3 机の上で、大きく書く。
4 人差し指の腹を机に付ける。
5 とめ・はね・はらいをきちんとする。

【指を見ながら書く】

1 目の前に字の形が残るくらい、速く書く。
2 声と指の速さが合うまで練習する。

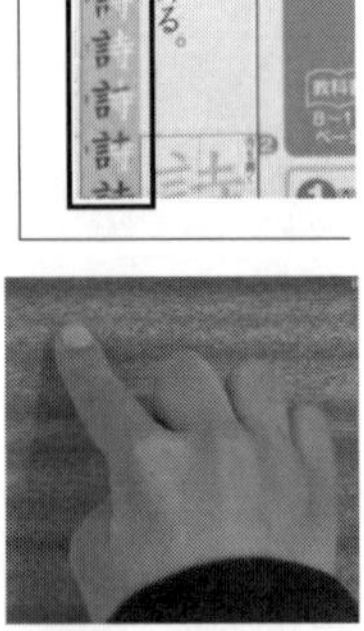

【参考】奥田純子著『フツーの先生だった私の教師修業日記』（2003、明治図書）

2 なぞり書き

「1ミリもはみ出さないように」と指示をすると、子どもたちは丁寧に作業する。

3 うつし書き

「お手本とそっくりの字を書きましょう」と言う。

4 空書き

空中に指で字を書くことを「空書き」と言う。筆順を唱えさせながらやる。

教師が前で見本を示して、同時にやることもできる。

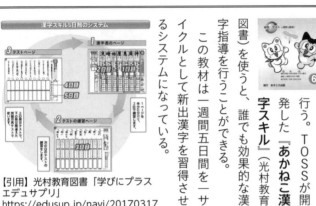

5 テスト練習ページ

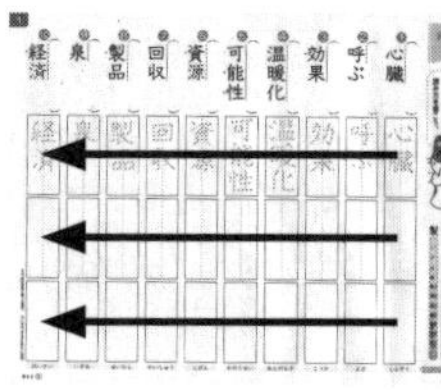

全ての漢字を指書きしてから一段目のなぞり書き。**横に練習していく**と、授業中に全員が全ての漢字を一回は練習できる。

6 宿題で自分テスト

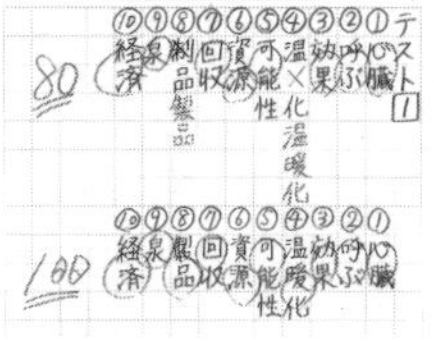

「五回で覚えられる人も、一五回かかる人もいます。だから、**全員同じ回数を練習してきなさいとは言いません**」

7 プレテスト

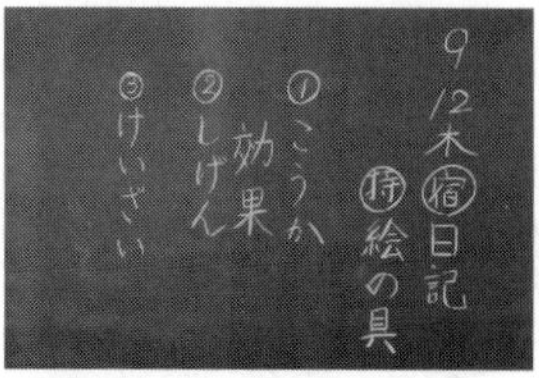

国語の授業中、朝学習の時、連絡帳を書かせた時など。クラスの実態に応じて、適切な場面を意図的・継続的に設定する。

8 本番テスト

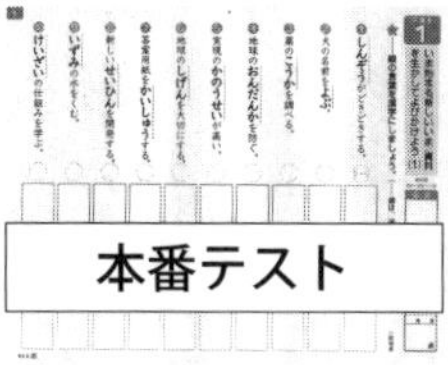

上段にだけ答えを書かせる。下段は再テストの答えを書くのに使わせる。つまり、百点だった児童は、下段は使わない。

【インプットの趣意説明】

・指を使う。
・筆順を唱える。

指書きで大切な二つのポイントを最も納得できるのは、ペンフィールドが提唱した「脳内地図」の理論だ。指や唇は強力に脳と繋がっていることが一目瞭然である。

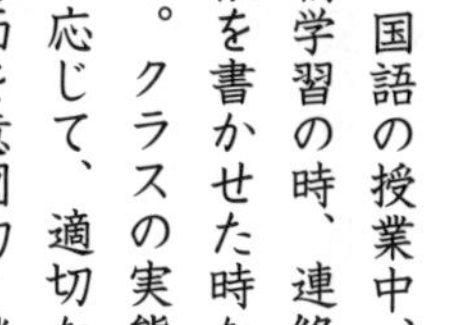

ペンフィールドの脳内地図

【アウトプットの趣意説明】

人間は忘れる生き物。エビングハウスの「忘却曲線」の図を見ると、それがよくわかる。

アウトプットを何度も行うことで記憶は定着する。短く何度も行う。

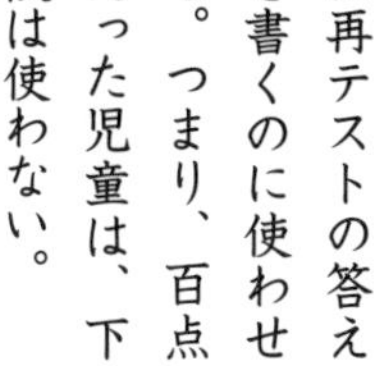

エビングハウスの忘却曲線

【漢字指導のポイント】　「漢字の覚え方（インプットの方法、アウトプットの方法）」を身につけさせる

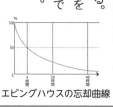

3 スラスラと音読ができるようにさせる指導方法

POINT!

多様な方法で回数を読ませる工夫をする

物語的教材文や説明的教材文における単元最初の学習活動に位置付けられることが多いのが「音読指導」である。スラスラと音読できるようにするためには、一単元で二時間は音読させる必要がある。

音読は「声に出す」ことによって教材文の個々の単語へ強制的に注意を向けさせる機能がある。声に出す行為が読解の補償的な役割をしていると考えられる。

特に低学年は情報処理能力が低いため「声に出す」補償行為によって読解を向上させることができる。

スラスラと音読させるための音読指導のポイントは「たくさん読ませる」ことである。飽きてしまうので多様な音読方法を取り入れて繰り返し音読させる必要がある。

40～41ページで紹介する音読方法の留意点について述べる。

1 範読

時々、どこを読んでいるのかわからない子がいる。そのため音読中に次の指示を出すとよい。

今、先生が読んだ文を指で押さえなさい。迷子ちゃんはいないかな？

ここでパッと押さえられた子は目で文章を追うことができている。

押さえられない子がいた場合、

隣の子、教えてあげなさい。

と言って音読箇所の確認をさせる。

また、教室の後ろで教師が範読しページの変わり目を読んだ時に教科書をめくらない子どもがいたら目で追えていない可能性が高い。

2 追い読み

教師が一文読んだ後で、子どもたちに一斉に音読させていく。この時に、声がそろわない学級がある。そろわない場合は短い文でそろうまで練習させる。

慣れてきたら、子どもの読み終わる声に重ねるように教師が次の文を読んでいくとテンポよく追い読みが進んでいくようになる。

3 一文交代読み

子供同士の一文交代読みの場合、

お隣の子が読めなかったり間違えて読んだりしたら教えてあげなさい。

と伝えておく。さらに、

どちらもわからない場合は手を挙げて先生を呼んでください。

と言っておくと子どもたちは安心して読み進めることができる。

はやく終わったペアは一人読みをして待つというルールを作っておくとよい。

また、音読に限らないが、学習の苦手な子が隣同士にならないような配慮が必要である。

この段階で読み間違いのない正確な読み方ができるようにしておく。

4 一人読み

一人読みはスラスラ音読ができるように音読を習熟する段階である。できるだけ回数多く読めるようにしていく。

次ページのように「読み場所を変えて読ませる」方法は子どもたちを飽きさせずに回数読ませるための手段であるが、一人一人の子どもが何回音読を済ませたか教師が見取ることができるよさもある。他にも、

・**読む回数ごとにその場で立つ向きを変える**

・**一回目は教科書を立てて読み、二回目は教科書を寝かせて読む**

などの方法でも音読回数を教師が把握することができる。

5 リレー読み

リレー読みは子どもの音読技能の評価として行う。ただ何となく一人ずつ読ませる教師がいるが、多くの子は待機状態になり、指導効率が悪いといえる。

したがって、一人一人の音読技能について個別評定を加えると緊張感が生まれ、集中力が高まる。

評価基準を示します。例えば、「声の大きさ」「口の開け方」「スピード」「ひっかからない」等である。

「合格」と言われた子は座ります。

こう言って、リレー読みを進める。

また、得点制で行う場合もある。

五点満点中三点で合格です。三点以上だった子は座ります。

この方法は合格基準を上げることができるので音読のスキルアップには効果的な評定方法である。

6 その他

○スラスラ読めるようになった子どもには次のように指示する。

できるだけ高速で音読しなさい。

こう言って速読に挑戦させる。

（村野聡）

音読指導の授業パーツ

村野 聡

二時間計画

1 範読

まずは教師が範読します。

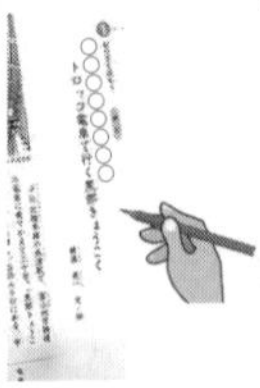

音読システム

「教科書の題名の右横に、鉛筆で○を一〇個書きなさい」

「○の大きさは鉛筆の太さくらいです」

「一回教材文を音読したら、赤鉛筆で一個塗っていきます」

「この学習が終わるまでに一〇回は音読しましょう」

「一〇回音読するとスラスラ読めるようになります」

2 追い読み

「先生の後に続いて読みます」

こう言って、教師は教材文を一文だけ読みます。子どもは教師が読んだところをもう一度読みます（復唱させる）。

これが追い読みです。追い読みは教師の読みを聞いてから同じところを読むので、どのように読んだらよいか理解しながら読むことができます。初期の音読指導にはたいへん有効です。

3 一文交代読み

「一文ずつ交代で読んでいきます。最初の一文は先生が読みますので、みなさんは次の文を読みます」

こう言って、教師と子どもたちで一文ずつ交代で読んでいく読み方が「一文交代読み」です。

また、子ども同士の「一文交代読み」もあります。「お隣の子と○で交代して読んでいきます。どちらが先に読むか決めましょう」

一度読み終えたら、今度は先に読む子を交代します。一文交代読みは、ペアで行うことで相手の読めないところを教え合うことができます。一人一人の読みを正確にしていく段階で有効な読ませ方です。

応用した音読

子どもが先に読み、教師が追いかける。

男子と女子に分かれて一文交代読みをする。

一人の子が読んで、次に他の子全員で追いかけたり、交代読みをしたりする。

4　一人読み

「一回読んだら座りましょう。全員起立」

一人一人がある程度音読できるようになったところで、一人で全文の音読に挑戦させます。自分のペースで音読させます。早く読み終えた子は「座ってからもう一度読んで待つ」というシステムを作っておくとよいです。

何度も一人読みを繰り返し、すらすら読めるようにさせます。

応用した音読

何度も飽きさせずに音読させるために、一度読み終わるたびに場所を変えて読ませる方法があります。

黒板に、

1　自分の席
2　席の横の床
3　黒板の前
4　友達の席
5　自分の席

などと書いておき、その場所で読ませます。

5　リレー読み

「一人ずつ、一文ずつ読んでいきます。次に読む子は立って待っていましょう」

こう言って、一人一文ずつ読ませていくのが「リレー読み」です。

ここまでの音読で一人一人がどのくらい読めるようになったのかを確かめるために行います。

教師が個別評定しながら読ませていく方法もあります。

応用した音読

たけのこ読み

自分が読みたいところで立って音読する方法です。数名が立ったら、そのまま立った数名で読みます。立つ回数を決めて行うといいです。

指名なし音読

教師が指名しない状態で、子どもたちがお互いに間合いを取って一文ずつ読み進めていく音読。

指名なし討論のためのスモールステップになっています。難易度は高いです。

【音読指導のポイント】　多様な音読のさせ方を組み合わせて、スラスラ読めるようにする

4 発表力を高める指導方法

POINT!
①豊富な発表機会　②聴衆参加型

1 豊富な発表機会を設ける

クラス皆の前で声を出す。子どもにとって、非常にハードルが高いことである。先生方の中にも職員会議の時に一人で話すのは緊張するという方もいるだろう。子どもも同じである。大勢の前で、一人で声を出す。これに慣れさせることが、発表力を高める第一歩になる。「発言耐性をつける」とも言う。一時間の国語の授業の中で、一人で声を出す機会を三回設けることを目標にしてみてほしい。以下、どうすれば実現できるか紹介していく。

(1) 短く書かせて発表させる

国語の授業では、子どもたちのノートに次のようなことを書かせる場面がある。

①感想
②自分の考え

これらを書かせた後、発表させる場合もある。発表させる場合は、書かせる前に、次のように子どもたちに伝える。

「この後、発表します。書くのは二、三行程度で構いません」

「二、三行程度」と限定することで、ノートに書く時間と一人一人の発表時間が短くなる。

早く書き終わった子には、発表の声を意識して練習させたり、ノートを見ないで発表できるように練習させたりする。そうすることで、やることがなくなって遊び始めてしまう子どもがいなくなる。

(2) 区切って発表させる

子どもたちに意見と理由を発表させる場面では、一回目は「意見だけ」、二回目は「意見と理由」を全員に発表させるというように区切る。これだけで二回発表させたことになる。具体的には次のようになる。

一回目

「Aです」
「Bです」

「Cです」
「Bです」
「Aです」……

二回目

「Aです。～だからです」
「Bです。～だからです」
「Cです。～だからです」
「Bです。～だからです」
「Aです。～だからです」……

(3) 発表と発表の隙間を削る

短く書かせて発表させたり、区切って発表させたりして、声を出す機会を増やす。これをしたとしても、全員の発表が終わるまでに時間がかかると思う方もいるだろう。確かに、一人一人名前を呼んで指名してから発表させていたら膨大な時間がかかる。

したがって、全員に発表させるときは、発表する人と発表する人の隙間時間を削ることを優先する。次のような方法で発表させていくと、隙間時間を削ることができる。

蛇型発表

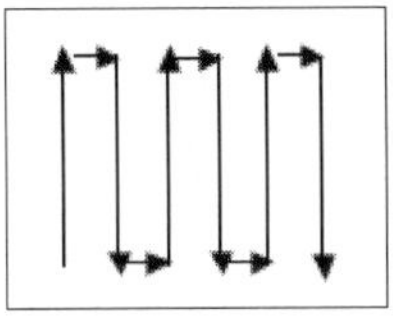

上のように、矢印の順に発表させていく。前の人が発表し終わったら、次の人が発表する。

指名なし発表

教師が指名せず、子どもが自ら立って発言する。次に発言する人は立つようにさせる。前の人が発表し終わったら、次の人が発表する。ただ、この指名なし発表をスムーズにできるようになるまでには、ある程度の時間が必要である。

二、三行程度のものであれば、「蛇型発表」を用いると、一～二分で全員の発表が終わる。「指名なし発表」の場合も、子どもが慣れてくれば、一～二分で全員の発表が終わる。

(4) あらゆる時間で鍛える

発表力は算数、社会、道徳、図工など、様々な学習で鍛えることができる。

また、教科学習以外の場面でも鍛えることができる。朝の会、帰りの会、給食終了後、掃除終了後などである。例えば、給食終了後だったら「今日の給食でおいしかったもの」というテーマで感想を発表させることができる。

このように、時間を見つけて発表力を鍛えていく。

2 聴衆が参加できる発表をさせる

聴き手にも、話の聴き方を指導するだろう。どのような指導をしたことがあるだろうか。

「話し手の目を見て、話を聴きましょう」、「話をしている人の方に、体を向けて聴きましょう」……。

このようなことを、子どもたちに伝えたことがある人は少なくないはずだ。

このような指導は即効性がある。しかし、長く続かなかったという経験はないだろうか。また、肝心な話の内容を子どもたちが覚えていなかったということはないだろうか。

聴衆参加型の発表を子どもたちができるようすることで、これらの問題は解決できる。

次に示すのは、国語の授業内の児童の発表である。

児童A

六行目に「ひとつのことばで　泣かされる」とあります**よね**。（はい）この「ひとつのことばで　泣かされる」で、例えば、この「ひとつのことば」が「おまえどっか行けよ」とかだったら、皆さんは悲しみます**よね**。（はい）

児童B

iからviの中に、マイナスの感情の方が多い**という人は手を挙げてください**。（挙手）下ろしてください。iからviは事実で、viiからxiiは意見だから、事実にマイナスが多ければ、意見にも含まれると思うんですけど、どうですか。

(1) 同意

児童Aは語尾に「〜よね」とつけて発表している。このように、聴衆に同意を求めるような話し方をさせることで、聴衆が自然と反応を示すようになる。同意する人は返事をしたり、頷いたりしながら聴くようになる。

反対に、同意しない人は首を横に振ったり、首を傾げたりしながら聴くようになる。

(2) 挙手

児童Bは聴衆の中で、賛同する人に挙手を求めている。このように、挙手をさせることで、子どもたちは自分の意見と比べながら聴くようになる。

また、誰が話を聴いていないか一目瞭然になる。話を聴いていない児童は挙手をしない。しかし、挙手をしない人の中には、賛同しないから手を挙げない児童もいる。それでも、賛同しない人は何らかの反応を示すので、話を聴いていない人はすぐにわかる。

話を聴いていない児童には、優しく声を掛けてあげれば、すぐに改善される。

(3) 指導法

このような発表をできるようにさせるために、次のような指導をしていく。ポイントは「モデルリング」である。

①まずは児童に発表させる

簡単なテーマを設けて、児童に発表させる。子どもたちにとって、生活経験のあるテーマを設定すると、考える時間を長く取る必要はなくなり、発表の時間を長く取れる。例えば、「好きな食べ物とその理由」というテーマを設定したとすると、子どもの発表は次のようになる。

「私の好きな食べ物はラーメンです。まず、色々な味があるからです。次に、麺を食べながらスープも楽しめるからです。さらに、家族でよく食べに行くからです。だから、ラーメンが好きです」

②「同意」を用いてモデリングする

子どもの発表を取り上げて、教師が例示する。先ほどの発表を、「同意」の技術を使って変化させる。

「私の好きな食べ物はラーメンです。ラーメンには色々な味がありますよ**ね**。そして、麺を食べながらスープも楽しめます**よね**。さらに、家族でよく食べに行きます**よね**。だから、ラーメンが好きです」

この後、同じように発表できるように練習させる。練習させた後、何人かの児童に発表させる。

③「同意」と「挙手」でモデリング

「同意」の時と同様にモデリングする。一部分だけ紹介する。

「私の好きな食べ物はラーメンです。～さらに、家族でよく食べに行きます**よね**。家族でよくラーメンを食べに行くという人は手を挙げてください。～だから、ラーメンが好きです」

例示した後は、練習させ、発表させる。このような指導をした後は、「同意」と「挙手」という二つのことを板書しておくと、子どもは自分から使うようになる。

(吉田知寛)

5 読解力を高める指導方法

POINT! 中心人物の「考え方」や「行動」の変化を扱う

1 登場人物

作品に登場する人物を全て書き出す。

> **定義**
> お話に出てくる人物を登場人物と言います。人間でなくても、人と同じように考えたり、気持ちを表す表現があるならば、登場人物に入れてよいです。
> 例えば、ごんぎつねの「ごん」は人ではありませんが登場人物に入れます。

> ノートに登場人物を全て書きましょう。

児童によって、登場人物の数は異なる。数を揃える必要はない。次の「中心人物」と「対役」を扱うことが大切だからである。

2 「中心人物」と「対役」

登場人物を全て発表し終えたら重要な人物を扱う。

> 出された登場人物の中で、一番重要な人物に◎をつけます。次に重要な人物に○をつけます。

ここで◎は誰かを話し合うと盛り上がる。しかし、ここでは「どのような人物が一番重要なのか」という定義を教えていないので、児童は思い思いの理由を発表する。ここで定義をするのである。

> **定義**
> お話の途中で「考え方」や「行動」がこれまでと一転して、ガラリと変わる人物を◎にします。これを中心人物とします。例えば、ごんぎつねの中心人物はごんです。大造じいさんとガンならば大造じいさんになります。

定義を教えてから、もう一度話し

合いを行うと、教科書の記述を引用しながら意見を発表するようになる。最後に教師が中心人物を決める。

> **定義**
> 中心人物は話の途中で「考え方」や「行動」がガラリと変わる人でした。変わる人がいるということは、「変える人」がいたはずです。「ごんぎつね」ならば兵十、「大造じいさんとガン」ならば残雪が「変える人」です。これを、中心人物と対になるので「対役」といいます。○がついた人物が対役です。

こうしてから「対役」は誰かを話し合わせる。

3 クライマックス

> ① 中心人物の考え方や行動がガラリと変わるのは何場面からですか。
> ② 中心人物の考え方や行動がガラリと変わるのは、どの一文からですか。

こうして中心人物の考え方や行動の変化する瞬間を「場面」から「一文」へと絞っていく。

4 中心人物の変容を一文でまとめる

ここまでで、中心人物の考え方や行動の変容を扱ったことになる。次は、どのように変容したのか一文でまとめる。

> ① はじめ○○だった○○（中心人物の名前）が、○○になる。
> ② はじめ○○だった○○（中心人物の名前）が、○○を通して○○した。
> ③ はじめ○○だった○○（中心人物の名前）が、対役（名前）によって○○するようになった。

作品によってまとめ方は異なる。ポイントは最初と最後で中心人物がどのように変化したか短くまとめることである。あらかじめ教材、研究の段階で教師の解を考えておくと授業がスムーズに進んでいきます。

いきなり一文でまとめるのが難しい場合は、「はじめはいたずらしていたごんぎつねが後半はどうなったのですか?」のように「前半だけ」教えてあげるのもよい。

作品を要約し、中心人物の考え方や行動の変化を理解する

作品は、起承転結からできている

起承転結に分けさせる前に！

① 前話はあるのか。
ある場合、どこまでが前話なのか。あるいは、物語はどこから始まるのか。

例 「桃太郎」の前話は「昔々、あるところに」で始まる。物語は**「ある日」**から始まる。

② 後話はあるのか。
ある場合、どこから始まるのか。

後話は**「やがて」「それから」**などの言葉で始まることがある。

例 「海の命」では、「やがて」から後話が始まる。

「起」まず
「承」次に
「転」突然
「結」とうとう

「前話」「後話」がある作品は、起承転結から、それらを除く。物語の部分を起承転結の四つに分ける。

「転」は、どこから始まりますか。

① 物語を起承転結に分けます。教科書に線を引いて分けます。線は何本引きますか。↓
三本

② 「転」はどこから始まりますか。

「起承転結」全てを扱うと、時間がかかってしまう。扱うならば一番大切な「転」を扱う。ここは、中心人物の考え方や行動がそれまでと打って変わってガラリと変化することが多いからである。

　また、教科書に線を引かせる時は、最初に「何本引くか」を確認する。起承転結の四つだから四本と間違ってしまうのを防ぐためである。

「きつねの窓」（安房直子）の授業例

登場人物を全て書きましょう。

①ぼく　②子どもの店員　③こぎつね　④白ぎつね
ぼく→中心人物　白ぎつね→対役

不思議な世界はどこから始まりますか。

「道を一つ曲がった時、ふと、空がとてもまぶしいと思いました。」

まず、作品を「前話・物語・後話」の三つに分ける。この作品は「前話」と「後話」がある。

現実の世界はどこから始まりますか。

「ああ、ぼくは、全く無意識に、（中略）のです。」

ぼくの「考え方」や「行動」がガラリと変わるのはどの一文からですか。

ぼくは、すっかり感激して、何度も頷きました。

ぼくは、はじめ、「**ふうん、これはひとつ、だまされたふりをして、きつねを捕まえてやろうとぼくは思いました**」と考えていた。それが「感激」してきつねに共感し始めたのである。

ぼくは何回窓を作りましたか。（三回）
それぞれ何が見えましたか。

「白いきつね」「一人の少女の姿」。三つ目は、「なつかしい庭」か「家」と短くまとめる。

三つの窓で共通して見えるのは何ですか。

「失ったもの」「二度と戻らないもの」など。この「喪失感」が作品を貫くテーマである。

（竹岡正和）

6 書く力を高める指導方法

POINT! 二つの「書く力」を高めることで、「基盤的な学力」を保証する

1 二つの「書く力」を高める

「書く力」は、次の二つに分けられる。

① 正確な文章を書く力
② 創造的な文章を書く力

2 正確な文章を書く力

向山洋一氏は、「学級通信 スナイパー」において、七つの観点を示している。「① 正確な文章を書く力」には、以下のことができるようになることが、一つの指針となる。

① 文末表現が一貫していること
② 主語と述語があること
③ 漢字、言葉遣いが正確なこと
④ 助詞が正確に書けること
⑤ 句読点が正しく打ってあること
⑥ 主語・述語の対応をしっかりさせること
⑦ 一つの文は長くだらだらしないで、短くすること

さらに、文章へと見方を広げれば、会話（「 」）の使い方、段落の取り方など、「正確な文章を書く力」としての指導項目は、たくさんある。

これらの指導項目は、各学年の「書く単元」に系統的に分類されている。既習事項を踏まえながら、確実に習得させていく。

3 正確な文章を書く力の指導法

指導法の原理は、共通している。

① 正確な文章作法を知る
② 真似をして、文を書く
③ 書いたものを、教師に見せ、必要ならば、修正する

①の正確な文章作法を知るための指導の基本は、「視写」である。まずは、そっくりそのまま写させる。お手本となる文章は、国語の教科書の文章でよい。

次に、そのお手本を真似て、自分なりの文を創らせる。一部を変えればいいので、子ども達も創りやすい。

そして、書いた文が本当に正しいかを確認するために、書かせたものを、教師のところに持ってこさせる。正しければ、○をつけてあげて、黒板に書かせる。早く書くことができた子の文は、そのまま、まだ書くことができていない子の「お手本」となる。

学級のどの子も、自分なりの文を書くことができるシステムをつくることで、学級のどの子にも、「書く力」をつけることができる。

4 「尊敬語」の学習の実践

小学五年の実践である。教科書の「尊敬語」の記述から、以下の三つの型に分類する。

① 「～れる」「～られる」型
② 「お～なさる」「お～になる」型
③ 「いただく」のような特別型

まずは、尊敬語としての正しい型を知ることが必要である。次に、子どもたちに、お手本の文を真似て、自分なりの文を創らせる。子どもたちの身近な場面で、「敬語」を使うのは、どこか。学校であれば、校長先生など目上の方を対象にして、文を書かせれば、どの子もイメージしやすい。子どもたちは、次のような文を書いた。

○ 校長先生が、五年一組の教室に、いらっしゃった。

5 創造的な文章を創る指導

小学校段階において、創造的な文章を創る場合として、以下の二つが考えられる。

① 自分の「思い」を表す場合
② レトリックで表現する場合

自分の思いを綴る文章においては、「事実と意見」の区別を明確につけておくことが必要である。木下是雄氏は、『理科系の作文技術』（中公新書）において、以下の例文を示している。

【意見】ジョージ・ワシントンは米国のもっとも偉大な大統領であった。
【事実】ジョージ・ワシントンは米国の初代の大統領であった。

子どもたちには、まず、文章の中で、「事実と意見」を区別できるようにさせる。その上で、「事実」と「意見」を、自分なりに区別した文章を自分で書くことができるようにさせる。

次に、自分の意見だけでなく、「他人の意見」を区別できるようにする。そして、「他人の意見」を自分の文章に引用する場合の作法についても、学ぶ機会を設ける必要がある。

6 レトリックの指導

文章のレトリック指導については、向山氏の実践では、六つのレトリックが取り上げられている。

① 比喩
② 擬人法
③ 倒置法
④ 体言止め
⑤ リフレイン（反復）
⑥ 対句

このような「レトリック」は、通常の文章より、詩において、表現しやすい。

詩とは、言葉の遊びである。子どもたちに、言葉を使って、自由に遊ばせればよい。その時に、いろいろなレトリックを使う経験をさせれば、子どもたちの「書く力」は、高まっていく。

「レトリックを一つ以上入れて、詩を創ります」

まず、子どもたちに、レトリックには、六つの方法があることを示す。その中の一つは、必ず使うようにして、詩を創らせる。

子どもたちは、自分が使いやすいものを選び、自由に、発想を広げることができる。

自分の作品だけでなく、他の児童の作品を見ることで、子どもたちは新たな発想のヒントを得ることができ、文章としての「創造性」を高めることができる。

7 行事作文

学校生活において、様々な節目となる行事がある。子どもたちの印象に残る体験である。子どもたちには、その体験を文章に残すことで、さらに印象を深めることができる。

このような「行事作文」においても、子どもたちの「書く力」の向上を目指す指導を心掛けたい。

行事作文での指導は、以下のステップを踏む。

① 行事の中で、最も印象的な場面を思い浮かばせる。
② 印象的な場面を、一つの文で表し、「書き出し」とする。

③「書き出し」に続けて、後の文章を書かせる。

子どもたちが、作文において最も悩むのが、「書き出し」である。「書き出し」には、「会話文」で始めるなどの様々な工夫がある。「書き出し」の例をいくつか示した上で、子どもたちに考えさせる。

8 評論文を書く力

「評論文」は、子どもたちの国語の学習をまとめた「論文」である。論文としての形式を整え、自分の「思い」を込めた文章を書くことで、「書く力」を向上させることができる。

小学五年において、以下のような年間指導計画を立てて、指導した。

一．調べたことをまとめ発表しよう

子どもたちが自分で決めたテーマをもとに、調べたことを作文用紙にまとめていった。内容よりも、作文用紙に書く「量」を重視した。

二．大造じいさんとガン

向山氏による「大造じいさんとガン」の授業実践を追試した。学級(二一名)で、一九三問の問題を作り、各自が問題を解いた。その経緯を評論文にまとめた。授業内容をまとめていくという形で、評論文により近づけている。原稿用紙を使用した枚数は、学級を平均して五枚だった。

三．わらぐつの中の神様

五年生の国語の評論文の最終的なまとめとして位置づけた。学級の平均で九枚前後の原稿用紙を使用し、最高は、一九枚書いてきた子がいた。児童の評論文を一部抜粋する。

「私は、この話の主題をこう考えました。『人間は、心の優しい良い人、悪口を言ったりする悪い人、さまざまだ。』しかし、Bさんは、「世の中の人間が心をこめて作ったものには、神様がいる。」という主題だと言っていました。私は、自分の考えではなく、Bさんの意見に賛成です。なぜかというと、私の意見では、聞こえがいいだけで、Bさんの意見は、この物語の題名からしてもおみつさんの話からも合っているからです。結果的に、私の中ではやはりBさんの意見が正しいと思いました。」

「評論文」では、自分と他人の意見を比較し、物事を客観的に見つめることができると考える。

それを文章にすることで、それまでにない「書く力」を得ることができる。

（松本一樹）

7 話し合う力を高める指導方法

POINT! 話す内容を「理解し、伝える力」を、まず「朗読」でつける

1 まずは「音読」から

はじめは、書かれている文字をそのまま音読させる。短い詩がよい。

> この詩を一回読んだら座ります。
> 全員起立。

このように指示し、「立って声に出す↓座る」という体験をさせる。教室の中で立って意見を言う行為とつながる。

次に、「たけのこ読み」を行う。

詩の一行ずつに番号を振らせる。

> 自分の読みたい行を三つ選んで印をつけなさい。自分の番になったら立って読みます。

子どもたちは、次々と立って読み、読み終えたら座ることになる。自らが番を知り、行動に移すことを体験させるのである。

2 解釈の伴う「朗読」へ

音読は、書かれている文字をなぞって読む行為である。ただの音読から内容を意識した「朗読」に引き上げる。次のような詩の解釈につながるための問いを出すことで朗読になっていく。

① 「話者」（語り手）は大人ですか、子どもですか。
② 「話者」は男ですか、女ですか。
③ 「話者」は幸せですか、不幸ですか。
④ 一番強く（弱く）読むところはどこですか。
⑤ 季節（時刻）はいつですか。

もちろん作品によってふさわしいものが異なってくる。

話し合いをする時、自分の考えの価値や特性を相手に効果的に伝えることが必要になってくる。

朗読により書かれている文の解釈が伴い、話し合う力となる。

3　自分の考えをもたせる

子どもに考えをもたせる手立てとして、次のような選択をさせる問いを出す。

例えば、童謡「七つの子」。

からす　なぜなくの
からすは　やまに
かわいい　ななつの
こがあるからよ

かわいい　かわいいと
からすは　なくの
かわい　かわいいと
なくんだよ

やまの　ふるすへ
いってみてごらん
まるいめをした
いいこだよ

音読後、指示する。

「漢字になおせるところはなおしなさい」

「なく」は、「泣く」ですか、「鳴く」ですか（正解は、鳴くである）。

からすのすを絵に描きなさい。

ここで、からすを七羽描く子と一羽描く子がいる。

「七つ」はからすが七羽いるということですか？　それとも七歳ということですか？

答えを選択させ、自分の考えをノートに書かせる。さらに、必ず理由を付け加えさせる。

考えを書いた人は、その理由をできるだけ書かれている文章、言葉をもとにして書きなさい。

「一行書けたら途中でも見せに来なさい」という。持ってきたノートを見て、まだ理由まで書き進んでいなくても、次々と○をつける。

書かれている文を読んで褒める。

4　自分の解釈で朗読させる

七羽だという人？　手を挙げます。七歳だという人。手を挙げます。自分の考えをふまえて読みます。全員起立。

解釈を加えた「朗読」となる。

「内容を考えて音読すると他の人に、伝わりやすくなります」とまとめる。

（雨宮久）

雨宮 久

話し合う力を高める指導

「体験」が「力」をつける

1 指名なし音読→指名なし朗読

声に出して話すことが第一ステップです。子どもたちの中には、意見を言うことが苦手な子もいます。まずは書かれている文を読んで、体験を増やすことで人前で話すことのスキルを身につけさせます。詳細の指導方法は「音読指導の授業パーツ」(40〜41ページ)を参照してください。

●指名なし朗読で「発話」体験させる

短い詩を用意します。

(1)「追い読み」→「交代読み」

「先生のあとについて読みます」このように指示し、教師のスピードを体験させます。

次に「交代読み」をします。初めての時、例えば教師は次のように言います。

「一行ずつ先生と交代で読みます。初めは先生から」

バリエーションとして、「教師から」「男女」「隣同士」「班ごと」「とおりごと」などがあります。

(2)「たけのこ読み」

「(用意した詩の)一行ずつ番号を振りなさい」「その中から自分が読みたい行を三つ選びます。選んだら上に○をつけなさい」

題名は教師が読み、自分の番になったら「立って」読ませます。

(3)「指名なし朗読」

書かれている文の「意味」を解釈することで「音読」を「朗読」にしていきます。文の主旨に合わせて、スピードや強弱をつけるようにさせます。「相手に伝える」意識づけをします。例えば、次のような発問をすることで、解釈するようになります。

A話者(語り手)は、男(大人)ですか。

B一番強く読む行はどこですか。

C間をあけるとしたらどこで分けますか。

D話者は幸せですか、不幸せですか。

E話者は今どこにいますか。

2 「自分の考えが認められる」発表を工夫する

子どもたちの多くは、「話し合いができない理由」の一つとして、自分の考えが「正解でないと不安」「間違えていると恥ずかしい」といった心理的なものをもっています。意見が認められる学級づくりが必要です。そのためには教師が重要な役割を担っています。

①出た考えをすべて認める発問

授業のはじめの発問・指示は、子どもの意見を全て認められるものを意識して取り入れるようにします。

Aさまざまな意見が出る「拡散的発問」

作品を読んで、「わかったこと・気づいたこと・思ったこと」を書かせます。「よくわからない」「むずかしいなあ」でもよいのです。子どもたちの意見を認めることができます。

Bいくつかの意見の中から選んで答える「選択的発問」

「住んでみたいのは、北海道か沖縄か」「すごしやすい季節は、春か秋か」「旅行に行くなら山か海か」といった二者択一の問いを出します。

加えて、理由を考えさせる。すべて主観で考えるので、答えやすく、全て正解となります。

②自らの意思で発表する「指名なし発表」

発表するきっかけとして、「教師が指名する」「司会者が指名する」「自らが発表する」とさまざまあります。発表する力としては、自らが「話そう」と決め「発表する」形(指名なし発表)を体験させます。

この指導により、発表する意思決定力を鍛えます。

次に大まかなポイントを示します。

A自分の考えをノートに書かせます

前のステップにおいて「書かれている文」を朗読する体験をさせました。そこで考えを書くことを必ずさせます。「発表する話し言葉」そのままに書くよう指示します。

B人の考えを聞く力を鍛えます

「同じ意見の人は、つづけて発表します」と指示し、人の意見と自分の意見を比べさせます。「聞く」ことも話し合い活動では大切な力となります。この指示で人の意見を「まず聞く」ことを指導します。

【話し合う力を高める指導のポイント】　発言する体験、意見を持つ体験、仕切りを受ける体験で「力」をつける

5　仕切り力で司会力をつける

話し合いには、司会者の役割をする子どもがいる場合と、自由に発言する「指名なし討論」の形で行う場合があります。多くの子どもに司会力がつくと司会者のいない討論が可能となります。

●教師が仕切りの見本を示す

見本を見せることで、どんな力が必要なのかを示します。主に次のことを意識した指導の言葉を入れます。

(1)意見と人格を区別する

「男だからとか友達だからという理由で賛成・反対を決めません」

「自分の意見を出した後、自分の意見に反対することもあります」

「意見を言った人でなく、内容について話し合います」

「話し合いが終わったら、そのことについていつまでも言いません」

(2)発表者を限定する

A意見の分布を見る

「賛成（反対）意見の人？」と全体の人数を把握します。

B発表者を決める

「反対（賛成）意見からどうぞ」

「まだ、言ってない人どうぞ」

「質問のある人どうぞ」

と限定することで流れをつくります。

(3)論点のずれを補修する

目的とずれてしまう発言が続く場合があります。早めに「それは、論点(話し合う内容)がずれています」「もとにもどします」と指示をします。重要な内容なら、「後で扱います」とはっきり言い切ります。

循環指導で力をつける

二・三人やミニグループでの話し合いもさせます

3　ミニ話し合い場面を設定する

活発な話し合い活動には、それに適した「題材」が必要です。題材の選び方にはコツがあります。良い題材を子どもたちに投げかけることにより「話し合い活動」に積極的に取り組む体験をさせます。

●ミニ話し合い活動を発問で仕組む

話し合いになる題材があります。それを用意し、一五分程度の話し合いを行います。活発な話し合いになる題材は、次の種類に分けられます。

(1)AかBかを選択する

(2)AかAではないかを選択する

(3)Aに対するCという意見に賛成か反対か

このような題材を考え、子どもたちに提示します。そのとき、必ずノートに「考え」を書かせる、次に、その「理由」を書かせます。

4　他の意見を聞き、比較し、判断させる場を設定する

他の意見を意識させなければ、「発表」から「話し合い」に発展しません。意識させて力として身につけさせるには日常的な比較、判断場面を作ることが必要です。

①自分の立場を明確にさせる

発表した内容に対して素早く比較させる指示を出します。例えば、「発表してもらいます。内容に賛成なら○、反対なら×、言っていることがよくわからないなら?を自分のノートの端につけなさい」と言います。

発表者が終わったら瞬時に判断しなければならないので「聞く」「比較する」「判断する」の流れの体験となります。

②メモ指導で判断力をつける

相手の考えに対して質問したり、意見したりするためには、相手の意見のポイントをメモさせます。

大事な言葉を選ぶ

子どもの意見を五〜八名に板書させます。そこで、次の指示を出します。「Aさんの意見を読みます」「この意見の中で大事な言葉を三つ選びノートに書きなさい」

教師の解を示したり、子どもに選んだ理由を発表させたりして「さまざまな考えがあること・理由の見つけ方」も学ぶことができます。

ノートに書いた意見を発表する

8 語彙を増やすための指導方法

POINT!
言葉にこだわる楽しい授業で語彙を共有化する

1 例示を示し授業に突入する

黒板に次のように書く。

> □しい

そして次のように言う。

> 何々しい。四角の中に入る言葉をできるだけたくさん見つけます。
> ノートに一つ書けたら持ってきなさい。

何を書いていいのかわからない子どものために次のような配慮をする。

> 配慮①
> はじめに持ってきた数名のノートを読み上げる

例えば次のようである。

「おとなしい。なるほど。よく考えたね」

「くるしい。考えるのにくるしかったか？」

ユーモアを交えながら読み上げる。

このようにどのようなものも「認める」ことが大切である。

認められることで、子どもたちは、教師を信頼し、次々と意見を出すようになる。

> 配慮②
> ノートを持ってきた最初の三名ほどの子どもに板書させる

このように言う。

> よくわからない人は、黒板を参考にしてもいいですよ。

子どもの中には配慮①のような音声入力（聴覚情報）だけでは理解が困難な子もいる。そこで視覚情報も加える。板書させることで、聞くだけではわからない子や聞き逃してしまった子もわかるようになる。

とかく、通常は「真似をしてはいけない」と考えがちである。中には、子どもだけではなく大人にもいる。およそ学問・芸術は真似から入っているのだということを教える。

2　言葉を蓄積させる

およそ五分ほど時間をとったあと、「五つ以上書けた人？」というように聞き、おおよその分布を把握する。

> 黒板に書きます。六つ以上書けた人は、前に出てきて書きなさい。

八人程度が前に出るように人数を調整し、板書させる。

出揃ったあと、次のように言う。

> これ以外にあと三つ足せる人。

自分のノートと見比べながら、書けると思った子どもが手を挙げ、板書する。

> さらに三つ書ける人。

また、手が挙がる。このように繰り返し、黒板いっぱいに言葉を並べる。

「三つ足せる人」と聞くことで、板書している子どもだけが授業に参加するのではなく、ノートと見比べていることで全体を巻き込むことにもなる。

「あー。そうか。それがあったか」

子どもたちの語彙の蓄積がなされる。

3　発表で大爆笑

> 発表します。一つずつ読みますが、下に自分の名前をつけて発表しなさい。

例えば、山田さんの板書で「かがやかしい」と書いてあると、「かがやかしい山田」と発表するのである。

出された形容詞とクラスの名前のマッチングに大爆笑である。

4　共有化する

最後に出された語彙を共有化する。

> たくさんの何々しいが出ました。この中から気に入ったものを三つ選んでノートに加えておきなさい。

この活動を行うことで語彙の蓄積が増すことになる。

（雨宮久）

語彙を増やすための指導

雨宮　久

語彙には意味を知る「理解語彙」と使い方がわかる「使用語彙」があるんだ。

1　辞書引きで理解語彙を増やす

辞書は、ひとり一冊、用意させます。統一したものではなく、一人一人が別々のものにしたほうがよいでしょう。辞書によって書かれていることが違うのを知ることも語彙を増やすことにつながるからです。

①辞書引き競争で引く速さを鍛える指導

「今から言う言葉を辞書を使って引きなさい。見つけた人は、立ちます。それでは、第一問『つぐない』です」このように教師が調べる言葉を言います。見つけた子どもが立つと、教師は「一番、二番……」と五番目まで順位をつけます。一番の子どもに意味を読ませます。違う辞書を持っていた子を指名してさらに意味を読ませます。

②意味を調べ、書き込むことで理解力を鍛える指導

辞書で引いた意味を整理する主な方法として教科書の空白に直接書き込ませるようにします。

調べた言葉から引き出し線を引き、空白に意味を書き込ませます。常に意味を意識するようになります。

③意味を調べる速さの差を消す指導

辞書を引く速さは、子どもによって差が出てきます。その結果、終わった子どもが何をしたらよいかわからない「空白の時間」が生まれてしまいます。次の指導を行うことで、それぞれの子どもの力にあった辞書引きができます。

「意味調べをします。五ページを出しなさい。そのページから調べる言葉を一つ選びなさい」

「意味を調べたら書き込みます。次の六ページに移ります。そこから一つだけ意味を調べます」

「(作品の)最後まで調べたら、また五ページに戻り、二周目に挑戦しなさい」

この指導のメリットとして、意味を調べるという作業により、本文を何度も読むことがあります。

2　センテンス集めで使用語彙を増やす

文の書き方を学ぶ方法です。言葉を知っていても使い方がわからない。主語述語の関係がわからない。レトリックをどのように使ったらよいかわからない。書かれている文(センテンス)を集めることで、「書き方」を増やすことができます。

①トピックセンテンスを集める

物語の書き出しの一文をノートに書き写します。できるだけたくさんの文を集めさせます。

図書室に行き、次のように言います。

「ここにある本から『書き出しの一文』を集めます。例えばこの本の書き出しは『……』とあります。これをノートにそっくりそのまま写します。漢字、ひらがなを勝手に変えてはいけません」

「一つ写したら先生に見せなさい」

一人一人のノートを見ながら、ノート指導ができます。丁寧さ、句読点の有無などを見ます。

②お気に入りのセンテンスを集める

気に入った一文を集めさせます。

「一つのページからその一ページの中で一番気に入った一文を選びます。それをノートに書き写します」

今度は、気に入った言葉集めです。この作業には、必ず本文を一ページ読まなければならないということが伴います。読書指導にもつながります。

「一つ見つけて写した人は、先生に見せます」

これもノートを持って来させます。次のように会話をして、語彙を使うことで鍛えます。

「いい文を選んだね。(共感する)どうして、この文を選んだの?」

子どもの内面を知ることにつながります。実際に使える語彙を増やすことになります。

まずは、真似して使い方を知ることが大事だな

4 授業で語彙を増やす

言葉にこだわる授業をしくむことで、理解語彙、使用語彙を増やすことができます。

① 辞書づくりの授業

向山洋一氏の実践にある「辞書づくり」の授業を追試します。

「辞書を作る人になったつもりで言葉の意味を考えます。『東』という言葉の意味を考えなさい。考えたらノートに書きます」

子どもにノートを持って来させます。教師が見て、黒板に次々と書かせます。まだ作れない子どもはそれを見て参考にさせます。

発展として「青」「くやしい」「うらやましい」「やさしい」「きびしい」など名詞、形容詞、副詞、動詞などでも行います。

② 「□しい」の授業

向山氏の実践には、次のものもあります。

「□に入る言葉をできるだけたくさん考えてノートに書きなさい」と指示します。

できた言葉を一人一つずつ板書させます。一通り出た後、まだある人に付け加えさせていきます。

発表の時は、下に自分の名前をつけて発表させます。

「とりわけ」ってどういう意味なのかな？意味を調べてみよう

小さな作品をたくさん作ることで慣れてくるね

3 限定して使用語彙を増やす

使う言葉を指定し「限定」することで子どもは思考し、語彙力が増します。

「今から示す言葉(下記の語彙群から一つ選択する)を使って一つの文をつくりなさい」

ノートを持って来させて、主語と述語が正しく正対しているか、句読点が打てているかを指導します。

① 文の数を「三つ」「五つ」と増やす。
② 使う語彙群を三つにする。
③ 語彙群三つのうち一つを自分で選択させる。

……とバリエーションを加えると楽しくできます。

言葉をつなげる

□例えば □しかし □だけど □だが □それで □したがって □あるいは □それでも □それとも □ところが □もっとも □つまり □いわば □ところで □ただし □しかも □そのうえ □また □ならびに □なぜなら □ようするに □にもかかわらず □そして □反対に □逆に □一方 □それなのに □そればかりか

様子をあらわす

□とりわけ □とかく □積極的 □あいまいな □不自然な □素直な □すさまじい □現実的 □未熟 □ざわめく □消極的 □なにげなく □すぐれる □はっきりと □たぐいまれな □いさぎよい □素直 □正直 □堂々と □仲良し □あざやか □くるしまぎれ □貴重な □しらずしらずに □きらきらと □はげしく □ゆったりと □ゆるやか □おおげさな □おだやかな □にがにがしい □強く □弱く □暗く □まったりと □のんびり □立派な □すぐれる

気持ちをあらわす

□なごむ □あこがれる □感心する □心にひびく □ここちよい □冷静になる □いやされる □待ち望む □気がかり □もどかしい □わずらわしい □心残り □苦しい □なつかしい □味気ない □くじける □夢中になる □いやけがさす □心強い □いたいたしい □こみあげる □きづかう □むなしい □なさけない □ほほえましい □感情が高まる □心細い□まんざらでもない □がっかりする □感銘を受ける □まごつく □うんざりする □とまどう □むねにひびく □気が楽になる □あせる □くやむ □ためらう □きがねない □どきどきする □こうふんする □おちつく □印象に残る

【語彙を増やす指導のポイント】 蓄積させ体験させることで、理解語彙と使用語彙を増やす

1 物語単元で目指す「つけさせたい力」は何か

POINT!
全体の構成や展開と、登場人物、内容、表現効果を読み取らせる

1 物語単元でのつけさせたい力

物語（文学教材）におけるつけさせたい力として、以下の六つをまとめた。

①物語の構成や展開を理解する力
②物語の内容を理解する力
③登場人物について想像する力
④文章の表現効果を考える力
⑤自分の考えを形成する力
⑥考えを表現する力
（指導要領「C読むこと」より）

⑤と⑥は物語単元以外でも必要となるので、①—④をキーワード化して分類し、整理する。

A物語の構成・展開
↓物語を鳥の目（全体）で読む
B内容、登場人物の様子、表現効果
↓物語を虫の目（細部）で読む

右の視点で考えてみると単元をどのように授業するかが見えてくる。

2 単元の作り方

「A物語の構成・展開を理解させる」ためには、例えば、次のような発問が考えられる。

構造と内容の把握ができる力	精査・解釈して読める力	考えを形成する力	共有する力
⇩	⇩	⇩	⇩
構成や展開（起承転結）内容を理解する力	登場人物の行動・気持ちの変化・人物像や情景、物語の全体像を想像する力 作品の表現効果を考える力	自分の考えをもつ力	考えを表現する力（意見交流をし、考えを広げる）

物語教材でつけたい力（指導要領「C読むこと」より）

物語を起承転結の四つに分けます。どこで分けられますか。

このお話は、
まずどうなって、
次にどうなって
それからどうなって
最後にどうなっているのですか。
場面ごとの様子を一文で「小見出し」のようにして表します。

B内容、登場人物の様子、表現効果について授業するのであれば、

主役の行動や考えが変わったところはどこですか。

登場人物の気持ちや様子を表している表現に線を引きます。どのような言葉から、どのような気持ちや様子が想像できますか。

といった発問が考えられる。

3 単元の授業展開例

単元の授業展開の一つとして次のようなものが考えられる。

物語単元の進め方の例

1 音読・意味調べ（一時間）
2 登場人物・主役・対役
物語を起承転結に分ける（一―二時間）
3 起承転結それぞれの場面に小見出しをつける（二―三時間）
（例：トルトリのアドバイスで気持ちが変わったおじいさん。）
4 主役の気持ちや行動が大きく変わったところはどこか（一―二時間）
5 物語のテーマは何か（一―二時間）

これは、主な発問だけであるが、一時間の中では、次のように、「考えの形成」「共有」の場を取り入れる。

一時間の授業の進め方の例

1 発問について自分の考えをノートに書く
2 少人数で、考えを交流し合う
3 全体で話し合う
4 最終的な自分の考えをノートに書く

気をつける点は、**「叙述をもとに考えさせること」**である。イメージが先行して、文章から離れてしまわないようにする必要がある。そのために、

教科書の何という叙述（記述）からそう考えたのですか。

という質問が有効である。

（田丸義明）

2 物語単元の基本的な授業展開

POINT! 単元の進め方が安定していると子どもは見通しをもって学習に取り組める

1 物語単元の基本的な授業展開

物語単元の基本的な授業の進め方を、一つの例として示す。

物語単元の進め方の例

1　音読・意味調べ　（一時間）
2　登場人物・主役・対役
　　物語を起承転結に分ける
　　（一—二時間）
3　起承転結それぞれの場面に
　　小見出しをつける（二—三時間）
（例：トルトリのアドバイスで気持ちが変わったおじいさん。）
4　主役の気持ちや行動が大きく
　　変わったところはどこか
5　物語のテーマは何か
　　（一—二時間）

あくまでも、一例ではあるが、単元の進め方が安定していると、子どもは「前の単元で行った学び方」を使って目の前の単元の学習を進めることができる。つまり「学習の見通し」をもつことができるのだ。

一年を終えた時に「物語単元はこうやって考えていけば読み取れる」と「学び方」を定着させたい。

詳しく見ていく。

1　音読・意味調べ　（一時間）

一時間と書いたが、単元に入る前から音読をはじめておく。単元の学習中は、授業開始後、五—一〇分ほど使って毎回音読練習の時間をとる。

書かれている文章をスラスラ読めるようにすることは大切な学習である。個人的には、低学年では、授業の半分以上を音読に費やしてもいいと思っている（バリエーションのある楽しい音読のさせ方がある）。音読が満足にできない状態では、内容の読み取りでも支障が出てしまう。

意味調べ

ページ	言葉	意味
33	快い	気持ち・気分がいい。愉快に感じる
33	民話	民衆の生活の中から生まれ、

口から口へと伝えられてきた説話。昔話・伝説など

34　あぶく　泡

2　登場人物・主役・対役
物語を起承転結に分ける
（一―二時間）

誰が登場人物かをノートに書き出させる。その中で、主役（気持ちや行動が大きく変化している人物）と、対役（主役に最も影響を与えた人物）を確認する。

物語文の基本構造は「起承転結」である（説明文ははじめ・中・おわり）。

登場人物をノートに書き出します。（全体で確認をします）
登場人物の中で、気持ちや行動が大きく変化している人物を主役と言います。主役に最も影響を与えた人物を対役と言います。主役と対役は誰ですか。

起承転結はどこかを問うことで、子どもは、鳥の目を使って、物語全体を見るようになる。起承転結の全てを問うと、ボリュームが多いこと、意見が分かれすぎてしまうことなどが考えられる場合は、物語が大きく変化する「転」のみを問うこともある。

3　起承転結それぞれの場面に
小見出しをつける
（二―三時間）

起はどんなお話か。一言で簡潔に小見出しをつけるとしたら、という視点で考えさせる。こうすると、子どもは一層内容を確かめるため本文をしっかりと読むようになる。

クラスの中で意見が割れた場合は、チャンスである。少人数で、全体で話し合いをする時間を設ける。話し合うことで、考えを認め合ったり、広げたりすることができる。

なお、私は文末を名詞で終えるように指導している。

4　主役の気持ちや行動が大きく
変わったところはどこか
（一―二時間）

四つの場面に小見出しをつける
起　三年とうげで転ぶおじいさん。
承　三年しか生きられないと、ねこんでしまうおじいさん。
転　トルトリのアドバイスで元気になるおじいさん。
結　元気になり幸せに暮すおじいさんとおばあさん。
考えが違ったら、相手と話し合いをして考えを広げます。

考えが違う人との交流は、自分の考えの幅を広げるチャンスです。

主役の気持ちや行動が大きく変わったところ、それまでのお話がガラッと変化するところを「クライマックス」という。指導要領「C読むこと」でも、登場人物の行動・気持ちの変化ということが、書かれている。

このクライマックスの一文を問う発問は、クラスで考えが分かれることが多い。互いの考えを話し合う必要感が生まれやすい発問である。

5　物語のテーマは何か　（一-二時間）

文学作品は芸術である。ピカソは画家として、彼の表現したいテーマを絵という手段で表現した。松尾芭蕉は、感動したこと、思ったことを俳句という手段で表現した。今でも、歌手はあるテーマを歌、音楽という手段で私たちにおくっている。

このようにして考えてみると、今、読んでいる物語にも何かテーマがあるのではないか。それは何なのか、と考える授業は知的で面白い。

中には、「作者が伝えたかったことは作者にしかわからない」という意見がある。もちろんその通りである。

しかし、作品は作者の手を離れた瞬間から読者のものになる。作品を読んで「このお話はこんなことを伝えたかったのではないか」と考え、意見交流する学習は子どもたちにとって必要な内容である。

ただし、文から想像する、イメージする活動が多くなるので少し難しくはなる。

中高学年向けの問いである（高学年でも、四、五月のような時期には、難しいと思う）。子どもの様子を見て、必要ならば、教師がテーマをいくつか示し、選択肢として選ばせるのもよい。

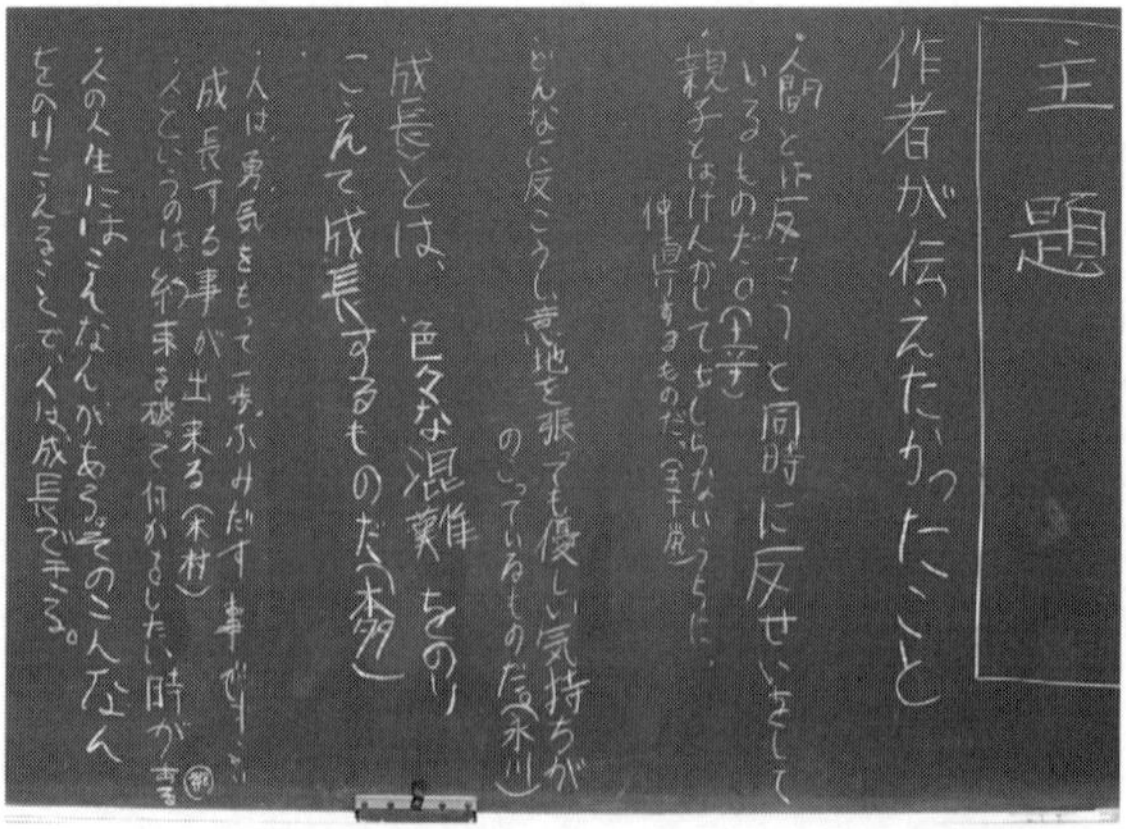

2 この物語にだけ当てはまる発問

ここまでは、どの物語単元にも当てはまる汎用的な授業の展開について書いてきたが、当然、その作品にだけ使える発問もある。例えば、

> ・ちいちゃんは幸せだと思いますか。（三年　ちいちゃんのかげおくり）
> ・おじいさんとはまた会えますか。（四年　プラタナスの木）
> ・カレーライスは何を象徴していますか。（六年　カレーライス）

などである。

その作品独自の発問を単元の中で一つか二つ、計一～三時間程度とる場合もある。

3 一時間の授業の進め方

指導要領「C読むこと」には、

> 自分の考えを形成する
> 考えを表現する

ということが書かれている。

一時間の授業の最初と最後には、自分の考えを形成するために、また、変容をまとめるために、ノートに書く時間を確保している。

一時間の授業の進め方の例

1 漢字や音読　一〇分
2 発問について自分の考えをノートに書く　五分
3 考えを少人数で交流し合う　五分
4 全体で話し合う　二〇分
5 最終的な自分の考えをノートに書く　五分

お互いの考えを表現し合う、話し合うことで、考えの変容がある。このような「対話的な学び」による「深い学び」、そこに子どもたちは知的な面白さを感じているように思う。

授業前半 → 授業後半

- 発問について自分の考えをノートに書く（考えを形成）
- お互いの考えを少人数で全体で話し合う（考えを表現）
- 最終的な自分の考えをノートに書く（考えを形成）

（田丸義明）

3 有名物語教材を扱った単元づくり例 一年生「たぬきの糸車」

POINT! 言葉に着目して、場面の様子や登場人物の行動を読み取る

「たぬきの糸車」では、言葉に着目して、登場人物の行動や場面の様子を具体的に読み取る力をつけたい。

物語に出てくる登場人物をまずは検討する。次のように指示をし、登場人物の定義をおさえる。

> お話に出てくる人や物や生き物をノートに書きなさい。

子どもからは「たぬき」「おかみさん」「きこり」が出るであろう。教科書のどこに書いてあるか確認し、国語は言葉から自分の考えを構築する学習であることをおさえる。

その後、登場人物の中で主役は誰かを検討する。本単元までに主役を扱っていれば、そのまま入ってよいが、扱っていなければ練習をしておくとよい。

練習問題では、「ドラえもん」「ちびまる子ちゃん」「桃太郎」等を扱うとよい。「ドラえもん」では、主役は、のび太かドラえもんで分かれることが予想される。

意見を出させ、主役は「お話の中で気持ちや行動がガラッと変わる人や物や生き物のこと」と定義をおさえる。

主役の検討の仕方を学んだ後に、

> 「たぬきの糸車」の主役は誰ですか。ノートに書きなさい。

と発問する。ノートに書く前に、

> わたしは～～～だと思います。
> そう思ったのは～～～～～～～です。

と書き方の例示をするとよい。この例示が考え方を養う。ここでも、言葉に着目して自分の考えを構築することをおさえる。

書いたら教師のところに持ってくるように指示を出し、持ってきたノートに全て○をつける。○をつけられることで子どもは自信をもつようになる。そして、学習意欲の向上に

もつながる。

子どもたちの予想は、「たぬき」「おかみさん」のどちらかであることが多い。意見の分布を確認する。

たぬきだという意見が多ければ、

「おかみさん」だと思う人から発表をどうぞ。


と指示をする。

多い方から発表すると多数派意見に圧倒され少数派意見の子が言いづらくなるので、少数派から発表させる。発表が途切れたら、

「たぬき」だと思う人、発表をどうぞ。

と指示をする。主役がたぬきだと考えている子の意見が重なる場合があるが、気にせず発表するよう伝える。発表が途切れたら、

これはおかしいのではないか、という意見があったら言ってごらん。


と言うと、質問や反対意見が出てくる。

そして、出てきた意見を言葉をもとにして考える。

意見が途切れたり、意見が出ない場合があるので、あらかじめ教師が多数派への問いを用意しておくとよい。

例えば、

おかみさんという言葉が多く出ているからだという意見があります。その通りだよね。反対意見ないですよね。たぬき派の人どうですか。


等と煽ると、主役はたぬきだと考えている子は必死になって反対意見の根拠を探し出す。そして、「おかみさん」だと考えている子は更に根拠がないか探し始める。

この時、反対意見が出されるが、その中には思いつきの意見があることがある。

思いつきの意見が出たら「教科書のどこに書いてありますか」と問いかけると、教科書の言葉に着目した意見を言うようになる。

主役は誰かを考える学習で、言葉に着目して自分の考えを構築することを確認している。よって次の「冬はどこから始まるか」「春はどこから始まるか」「たぬきが糸をつむいだのは恩返しなのか」等、物語の設定を確認する学習では、自ずと言葉に着目することができる。


（北倉邦信）

北倉邦信

たぬきの糸車

おはなしを　たのしもう（光村）

五時間計画　一月

準備物
教科書

第一・二時　**「たぬきの糸車」を音読する。**　正確に読む

①先生が読みます。どんなお話か聞きます。（範読）
※題名の横に鉛筆で〇を一〇個書きます。
一回読んだら丸を一個ぬります。
②先生について読みます。（追い読み）
③先生と交代で読みます。
※「。」で交代することを教える。
④男女交代で読みます。（男子が先）
⑤交代します。（女子が先）
⑥号車ごとに読みます。
⑦班ごとに読みます。（一班から読む）
⑧班の中で順番を決めて読みます。
⑨先生がわざと間違えるので、
騙されないようについて読みなさい。
⑩一人ずつ読みます。
※変化のある繰り返しで教え、楽しい活動の中
で読む力を高める。

第三時　**登場人物の検討をする。**　情報の扱い方

①お話に出てくる人やものや生き物をノートに書きなさい。
「たぬき」「おかみさん」「きこり」
②お話の主役は誰ですか。ノートに書きなさい。
※「ドラえもん」「ちびまる子ちゃん」等、アニメを扱うと
理解しやすい。
※「桃太郎」「浦島太郎」等の昔話を扱ってもよい。
ただ昔話を知らない子もいることが考えられるので、本
単元に入る前に紙芝居や絵本等で扱っておくとスムーズ
な理解に繋がる。
※ノートに書く時に、書き方を黒板に例示する。
例示することで書き方がわからない子、書くことが苦手
な子も書くことができるようになる。
（例）

わたしは、〜だと思います。
そう思ったのは〜〜〜です。

③ノートに書いたら持ってきます。

※持ってきたノート全てに○をつける。

※○をつけることで、子どもは自分はやればできるんだと思う。そして、自信をもち、学習への意欲も高まる。

④意見を発表します。

※「たぬき」「おかみさん」のどちらかになることが予想される。

※意見の分布を確認する。
確認した意見の少なかった方が意見を発表する。
多い方から発表すると多数派意見に圧倒され小数派意見の子がいいづらくなる。

※発表が終わったら叙述に着目するように教師が働きかける。
子どもから出た意見を教師が扱うことで叙述に着目させる。
例えば主役はたぬきだと考えている子が多いと予想されるので、「おかみさんという言葉が多く出ているからだという意見が出ました。その通りだよね」と言ってあげると熱中して叙述から反対意見となる箇所を探し出す。

第四時　設定の確認をする。

情報の扱い方

①冬はどこから始まりますか。
教科書に線を引きなさい。

②春はどこから始まりますか。
教科書に線を引きなさい。

③冬になる前、たぬきはいたずらをしようとやってきているのですか。

第五時　設定の確認をする。

①たぬきが糸をつむいだのは恩返しなのですか。そうでないのですか。
ノートに書きなさい。

②ノートに書いたら持ってきます。

③意見を発表します。

④たぬきの糸車の学習を終えての感想を書きます。

【評価のポイント】　叙述に着目して自分の考えを構築できているか

4 有名物語教材を扱った単元づくり例 二年生「スイミー」

POINT! 主人公の行動に沿った要約指導をすることで、あらすじを理解させる

「あらすじを読み取る力をつける単元づくり」例を紹介する。

あらすじは主役の行動や心情に沿って考えさせる。

学習指導要領「C読むこと」に以下の記述があるからだ。

> イ　場面の様子や登場人物の行動など、内容の大体を捉えること。

要約指導をすることによって、ねらいを達成する。

「スイミー」を場面ごとに要約すると次のようになる。

> (一)きょうだいたちと楽しくくらしていたスイミー。
> (二)まぐろからにげたスイミー。
> (三)すばらしいものをみて元気をとりもどしたスイミー。
> (四)小さな赤い魚を岩かげから出そうと考えたスイミー。
> (五)大きな魚を追い出したスイミー。

第一場面を例にした指導例である。第一場面のみを音読させ、次のように指示を出す。

> **指示**　第一場面を短くまとめます。二五文字以内です。「。」や「、」も一文字に数えます。ノートに書けたら持ってきます。

持ってきた児童から黒板に書かせる。次のような考えが出される。

A広い海のどこかにくらしていた。
Bスイミーはおよぐのがはやかった。
C小さな魚のきょうだいたちとスイミーはくらしていた。
D小さな魚のきょうだいたちがたのしくくらしていた。

> 一〇点満点で評定します。

評定は次のように行う。

①キーワードの横に、黄色チョークで線を引く。
②キーワード一つで三点とする。つまり、三つ入っていれば九点。
③最後が「スイミー（主役の名前）」で終わっていれば一点。合計一〇点。

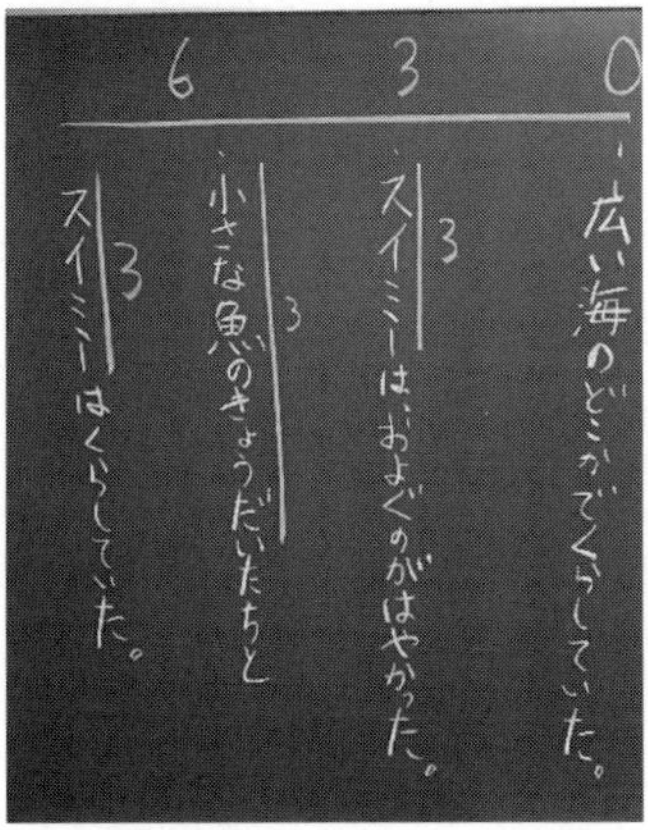

第一場面のキーワードを「きょうだいたち」「楽しく」「スイミー」とする。意見例を評定すると、A〇点　B三点　C六点　D六点となる。

評定を終えたら次の指示を出す。

指示　もう一度一場面を二五文字以内でまとめます。書けた人は持ってきます。

児童に黒板に書かせる際に注意すべきことがある。

黒板で〇点の子がいた場合、二回目も必ずその子に板書させる。点数が上がったことを褒める。

二回目で、多くの子が三つのキーワードを入れるようになる。一回目と同じように板書させ、評定する。

二回目の要約の際に文末を「スイミー」で終わらせた児童がいれば取り上げて、一点加える。いなければ、説明し、三回目の要約をさせる。三回目にはほぼ全員が一〇点を取るだろう。

同じように、二場面以降の指導をしていく。キーワードは以下のとおりである。

（二）まぐろ　にげる　スイミー
（三）すばらしいもの　元気　スイミー
（四）小さな赤い魚　考えた　スイミー
（五）大きな魚　おいだした　スイミー

他の物語教材でも同じように要約指導を行い「**あらすじを読み取る力**」をつける。

（保坂雅幸）

保坂雅幸

スイミー

お話を読んで、しょうかいしよう（光村）

八時間計画　六月

準備物
「紹介文のカード」
左上参照

第一・二時　**範読・音読**　※「音読指導の授業パーツ」（40〜41ページ）参照

第三時　**登場人物を考える**　**語彙を増やす**

①スイミーの登場人物を考えます。登場人物の条件は二つです。
・話の中で、話したり、動いたりする、人や動物、物
・話を劇にしたときに、役が必要になる。

②登場人物は以下の通りです。
・スイミー
・小さな魚のきょうだいたち　・まぐろ
・くらげ　・いせえび　・見たこともない魚たち
・こんぶやわかめ　・うなぎ　・いそぎんちゃく
・スイミーとそっくりの、小さな魚のきょうだいたち

③最初にでてきた小さな赤い魚と、最後に出てきた小さな赤い魚は同じ魚ですか。違う魚ですか。
・違う魚

第四時　**主役を考える**　**情報の扱い方**

①スイミーで主役は誰ですか。
「スイミー」

なぜそう考えたのか、ノートに書きましょう。

> 私は、『スイミー』の主役は～（スイミー）だと考える。
> なぜか。
> 第一に～（題名になっている）からだ。
> 第二に～（最初から最後まで出てくる）からだ。
> 第三に～（一番活躍している）からだ。
> よって、『スイミー』の主役は～（スイミー）なのである。

②発表しましょう。

第五・六時　あらすじを考える

③一〜五の場面を短くまとめなさい。

（一）きょうだいたちと楽しくくらしていたスイミー。
（二）まぐろからにげたスイミー。
（三）すばらしいものをみて元気をとりもどしたスイミー。
（四）小さな魚を岩かげから出そうと考えたスイミー。
（五）魚を追い出したスイミー。

第七時　主役の変化と主役をかえたもの（こと）

④スイミーは最初と最後でどのようにかわったでしょうか。

はじめ（　　　　　）スイミーが、
さいご（　　　　　）スイミーになった。

（例）・まぐろからにげた　まぐろをおいだす
・よわい　つよい
・一人ぼっちになった　新しい仲間と出会った

⑤スイミーをかえたもの（こと）はなんですか。
・たくさんの生き物を見たこと
・小さな赤い魚と出会ったこと

第八時　紹介文を書く　日常化を図る

登場人物→あらすじ→感想の順で書きましょう。

この話には、スイミーや魚のきょうだいたちが出てきます。
きょうだいたちをまぐろに食べられたスイミーが、なかまとたすけあって、まぐろをおいだす話です。
わたしは『スイミー』を読んで、なかまときょうりょくするのはたいせつだと思いました。

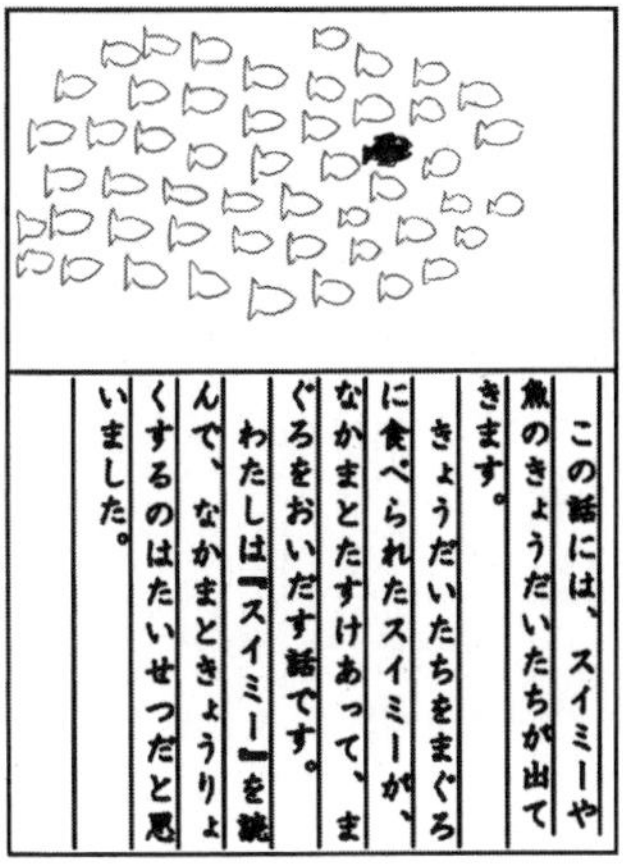
この話には、スイミーや魚のきょうだいたちが出てきます。
きょうだいたちをまぐろに食べられたスイミーが、なかまとたすけあって、まぐろをおいだす話です。
わたしは『スイミー』を読んで、なかまときょうりょくするのはたいせつだと思いました。

【評価のポイント】　あらすじや主役の変化をふまえて、紹介文が書けているか

5 有名物語教材を扱った単元づくり例 三年生「まいごのかぎ」

POINT!

主人公の変化を分析し、主題を表すキーワードを抽出させる

1 物語教材の扱い方

物語は「主人公の変化を通して主題を表現」する。したがって物語には次の内容が必ず含まれる。

> 主人公が登場する
> 主人公の心情や行動がガラッと変化する
> 主人公を変化させた何か(対象)がある

通常は「変化させた何か」が主題につながることが多い。

したがって、物語を読解する目標を、

> 物語の主題を解釈する

こととする。

このように決めてしまうと、次の展開で授業を行うことができる。

第一・二時
スラスラ読めるようにする

第三・四時
各場面を一文でまとめさせる

第五時
物語の最初と最後の主人公の変化を調べる

第六時
主人公を変えたものを検討する(主題を解釈する)

第七時
感想文等でまとめる

78~79ページの第五・六時の展開はこれと少し違う。教材内容により合わせた展開にしてあるためである。

しかし、基本形は一緒である。

2 「まいごのかぎ」教材研究

「まいごのかぎ」では、

主人公は「りいこ」

主人公の変化は、

はじめ 「しょんぼり」しているりいこ
おわり 「うれしくなっ」たりいこ
主人公を変えたものは「かぎ」

となる。

この「かぎ」は主題を表現するた

めに何かを象徴していると考えられるのである。三年生にもある程度の主題解釈は可能である。

様々なものに変化をもたらしたこの「かぎ」にネーミングさせることで、主題に近いキーワードを抽出することができる。

例えば、

楽しくするかぎ

夢をかなえるかぎ

しあわせにするかぎ

となる。

三年生にはここまでで十分である。無理をする必要はないが、さらに突っ込んで、主題文を書かせる方法もある。

キーワードを使って、主題文にまとめさせる。

人は楽しく生活したいものである

人は夢をかなえるために生きている

人はいつもしあわせを願っている

このように主題を短文で表現させるのである。

3 展開例

[1]で示した典型的な授業の第五・六時の展開例を示す。第五時では、

物語の最初のりいこと物語の終わりのりいことでは何が変わったでしょうか。□に言葉を入れなさい。

はじめ□だったりいこ

↓

さいごは□になったりいこ

例えば、次のような答えが書かれる。

はじめしょんぼりしていたりいこ。

↓

さいごはうれしくなったりいこ。

はじめうさぎに悪いことしたなと思ったりいこ。

↓

さいごはうれしくなってうさぎに手をふり返したりいこ。

第六時では、

このようにりいこを変えたものは何ですか。

と問う。

多くの子どもは「かぎ」が変えたと考えるであろう。そこで、

この「かぎ」はりいこをどのように変えるかぎといえますか。名前をつけましょう。

と発問し、次の型で書かせる。

りいこを□（に変える）かぎ

例えば、子どもからは、

りいこをしあわせに変えるかぎ

りいこをうれしくするかぎ

などが発表される。この答えこそがこの物語の主題を表すキーワードになっているのである。

（村野聡）

村野　聡

まいごのかぎ

登場人物のへんかに気をつけて読み、感想を書こう（光村）

七時間計画　七月

準備物
特になし

第一・二時　範読・音読

※基礎編参照

第三・四時　場面を区切り一文でまとめる

語彙を増やす

① 「まいごのかぎ」を場面に分けます。まずは段落に番号をつけていきなさい。

※二二段落あることを確認する。

② 一の場面は①段落と②段落です。

②段落と③段落の間に線を入れて区切りなさい（以下の通り分ける）。

③ 一の場面を短い一文でまとめます。文の最後は主人公の「りいこ」とします。

一の場面…①②　よけいなことをしたりいこ。
二の場面…③④⑤　かぎを落とした人をさがすりいこ。
三の場面…⑥⑦⑧　どんぐりを落としたさくらの木におどろくりいこ。
四の場面…⑨⑩　歩くベンチにおどろくりいこ。
五の場面…⑪⑫⑬⑭　お魚がうかび上がってあっけにとられたりいこ。
六の場面…⑮⑯⑰　元にもどらない時こく表の数字をふしぎに思うりいこ。
七の場面…⑱⑲　バスのダンスに見とれるりいこ。
八の場面…⑳　みんなしたいことがあったと気づいたりいこ。
九の場面…㉑㉒　うさぎに手をふるりいこ。

※黒板に文を書かせ、評定していく。

第五時　かぎが変えた事象を読み取り、かぎに名前をつける

① このかぎを使うと何かが変わります。

※こう言って、次のものがどう変わったか読み取らせる。

1　さくらの木
2　公園のベンチ
3　あじのひもの
4　バスの時こく表（バス）

※さくらの木

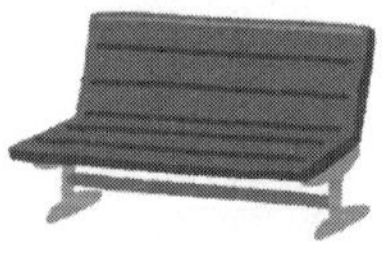

↓どんぐりを落とした
公園のベンチ
↓歩いた
あじのひもの

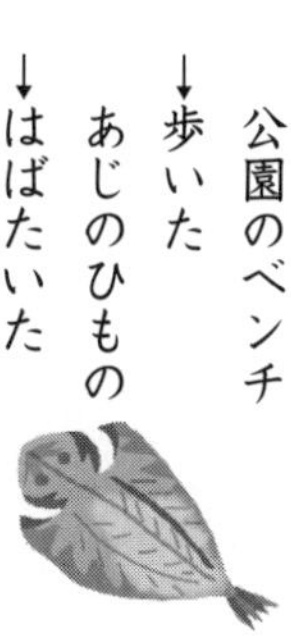

↓はばたいた
バスの時こく表（バス）
↓動いた（ダンスした）

②1～4は変化したことが楽しかったのですか。楽しくなかったのですか。

「楽しかった」

③そんな変化をあたえた「かぎ」に名前を付けるとしたら、どんな名前がふさわしいですか。

（例）楽しくするかぎ
夢をかなえるかぎ
しあわせにするかぎ

第六時　かぎは「りいこ」を変えたか検討する

情報の扱い方

いろいろなものを楽しく変えてしまうかぎは「りいこ」も変えましたか。

自分の意見をノートに書きなさい。

※意見が対立したら話し合わせる。

第七時　ミニ読書感想文を書く

情報の扱い方　**日常化を図る**

次のアウトラインで感想文を書かせる。

この物語は、かぎがいろいろなものを楽しく変えるお話です。

わたしもこのかぎをもっていたら、わたしの～をかえてほしいです。

なぜかというと～だからです。

こんなかぎが本当にあったらうれしいです。

【評価のポイント】　読み取った内容を生かして読書感想文が書けたか

6 有名物語教材を扱った単元づくり例 四年生「プラタナスの木」

POINT!
討論「最も重要な変化は何か」「おじいさんに会えるのか」

1 単元の基本構成

物語教材における単元の基本構成を、次のように考えている。

①黙読、読み聞かせ、初発の感想
②音読、辞書引き
③読みを深めるための討論
④作文によるまとめ

③の読みを深めるための討論を起こすためには、優れた発問が必要だ。教材が変わっても使える発問としては、クライマックスを問う発問が最も有名である。本教材でも使えないことはないが、クライマックスがわかりにくく、主役の心情変化が大きいものではないので、無理に発問をする必要はない。より読みを深めるために有効な発問を、後に紹介する。

④の作文によるまとめは、討論で広がったり深まったりした考えを作文で表現する活動である。

教科書には、単元の最後に、紹介文を書く言語活動が設定されている。紹介文を書く活動が適切かどうかは、検討する余地がある。相手意識、目的意識があいまいならば、紹介文を書く意味がない。以前の教科書は、感想文を書く活動が例示されていた。学級の仲間と読み合うのならば、紹介文より感想文の方がよい。互いに知っている話を紹介し合うよりも、一人一人異なる感想を交流する方が意味がある。

指導書における本教材の配当時間は、八時間である。以下、八時間で指導計画を立てた場合の詳細について紹介する。

2 一時間目 初発の感想とゴールの設定

黙読をします。読み終わったら、手を挙げて合図をしてください。始め。

物語教材における最初の活動は、黙読がよい。静寂の中で、物語の世界に浸らせる。

「読むこと」の学習の目的は、自力で読めるようになること。黙読で内容を理解し、自分の考えをもつことが、大人の読書である。読み聞かせてもらったり、いちいち音読したりはしない。

まずは、視覚情報だけで、どこまで内容を理解できるか、挑戦させる。

黙読が終わった子には、もう一度始めから読み、難しい言葉があったら辞書で調べておくように指示を出す。

全員が読み終わるまで待たなくてよい。大方、子どもたちの手が挙がったら、次に読み聞かせをする。視覚情報に、聴覚情報を加える。黙読では理解しきれなかった部分を補う。

そして、初発の感想を書かせる。子どもたちが何を考えたのか、大まかな傾向をつかむ。今後の発問作り、課題作りに役立てる。また、単元最後に書くまとめの作文に生かす。

初発の感想は、子どもたちが書きやすいよう、二つの工夫をする。

第一に、観点を示すことである。

> 考えたこと　思ったこと　疑問点

考えたこととしては、論理的、分析的な内容が出る。思ったこととしては、直感的、情緒的な内容が出る。「心に浮かんだこと、何でもよいですよ」と伝える。

第二に、箇条書きをさせることである。書く負担が減り、様々な意見や感想が出やすくなる。

最後に、単元のゴールを示す。初発感想を参考にテーマを設定し、討論をする。討論で深まった感想を最後にまとめることを告げる。

3　二時間目　音読と辞書引き

追い読み、交代読み、リレー読み、指名なし音読など、いろいろな方法で音読をする。音読をしながら、物語の流れを再度頭に入れていく。また、難語句を中心に、辞書引き競争も行う。

4　三・四時間目　討論①

初発の感想を、短く発表させる。マーチンのこと、おじいさんのこと、木や自然に関することが出される。一通り、感想を聞いた後に問う。

> 物語の最初と最後で、変わったことは何ですか。できるだけたくさん見つけなさい。

初発の感想で出るマーチン、おじいさん、プラタナスの木だけでなく、その他の登場人物にも目を向けさせせる。細かな叙述に目を向けるようになる。子どもたちは、次のような変化を見つける。

A　プラタナスの木がなくなる
B　おじいさんがいなくなる
C　マーチンの考えが変わる
D　クニスケのハイソックス
E　アラマちゃんの口ぐせ
F　日かげがなくなったベンチ
G　白熱しなくなったサッカー
H　みんなの遊び方

多くの意見が出た後に、焦点化する。

物語で最も重要な変化は、何ですか。

子どもたちの意見は分かれる。

「なぜ、そのように考えたのだろう」

友達の意見を聞きたくなる。討論をする必然性が生まれる。ノートに理由を書かせた後に、討論をする。

AとBの意見が多いが、CやHが重要だと考える子もいる。

正解はない。討論をすることで、様々な意見に触れ、多面的な見方をし、考えを広げることが目的である。

「Aです。マーチンやおじいさんたちが大切に思っていた木がなくなってしまったからです。また、プラタナスの木は、題名にもなっているからです」

「Bです。マーチンたちは、おじいさんが大好きでした。木のすごさも教えてもらいました。そのおじいさんがいなくなってしまったからです」

「Cです。台風の夜、森の木の下に大きな根が広がっているのが見えるような気がした。木のすごさを、マーチンは学んだからです」

「Dです。おじいさんと木のことを思いながら、みんなの仲がより深くなったからです」

討論の後、広がったり深まったりした考えをノートに書かせておく。

5 五・六時間目　討論②

初発の感想を書かせたとき、最も多く出る疑問は、おじいさんについてだ。

「おじいさんとプラタナスの木は、どのような関係なのか」

「なぜ、おじいさんはいなくなったのか」

「また、公園に来るのか」

このような子どもたちの疑問から次の学習問題を設定できる。

マーチンたちは、またおじいさんに会えるのか。

この問題は、討論になる。

以下、討論をしたときに、子どもたちから出された意見である。

【会えない】

・「みんなによろしく」と言っている。他の木に託している。

・春に芽が出ても、葉が茂るようになるには時間がかかる。

・葉が茂ったときには、マーちんは中学生になっている。

・おじいさんは、木の精霊である。

・新しく葉が茂っても、木の精霊は赤ちゃんになっている。

【会える】

・おじいさんと木は友達。芽が出たら、戻ってくる。

・プラタナスの木をずっと前から知っているから、大切にしている。

・おじいさんには、プラタナスの木に思い出がある。

・今は、木が切られて落ち込んでいるけど、芽が出たら戻ってくる。

・マーチンたちが枝や葉っぱの代わりになっていれば、うれしい。

・マーチンたちが信じている。

・おじいさんは、プラタナスの木。春になったら芽が出る。

討論で、おじいさんは人間ではなく、木の精霊だという意見が出てきた。おじいさんは人間か、それとも木の精霊か。これについても、子どもたちの意見は分かれる。討論をしていくと、木の精霊ではないかと思える根拠を、子どもたちは見つけていく。

・おじいさんは、木のことをたくさん知っている。

・お父さんのふるさとに、木がいっぱいあることを知っている。

・「みんなによろしく」は、仲間の木によろしくという意味。

・木が逆立ちする話は、木の気持ちになっている。

・地上のみきや枝葉がなくなったら、困ってしまうと言っている。

・木が切られた後、おじいさんは公園に来なくなった。

「台風のとき、思い浮かべたおじいさんの笑顔がぼんやりとしたのは、プラタナスの木が倒れたことを示しているのではないか」という意見も、子どもたちから出た。

6 七・八時間目　作文によるまとめ

参考として次の項立てを示し、感想文を書かせる。二と三は、討論のテーマである。

一　初めの感想
二　物語で最も重要な変化は何か
三　またおじいさんに会えるか
四　学習しての感想

（武田晃治）

7 有名物語教材を扱った単元づくり例 五年生「たずねびと」

POINT!
①見通し ②音読 ③設定 ④キーワード

1 単元の見通しをもたせる

(1)単元で学習することを確認

単元の最初と最後には、その単元で学ぶことが書かれている。「たずねびと」の最初のページには、次のように書かれている。

「物語の全体像をとらえ、考えたことを伝え合おう」

最後のページにも、同じことが書かれており、より詳しく書かれているが、教室によって、児童の実態が異なるので、参考程度にするのがよい。

(2)どんな話なのか把握させる

単元の最初のページには次のようなことも書かれている。

「あなたは、遠い時代や遠い国の人と、自分を重ねて考えたことがありますか。この物語には、十一さいの『綾』が出てきます。『綾』の『たずねびと』は、どんな人なのでしょう。」

これを範読する前に、読み聞かせする。そうすることで、子どもたちは「『綾』の『たずねびと』はどんな人なのか」考えながら聴くようになる。

2 音読指導をする

(1)題名の横に○印を一〇個

物語文の単元では、文章を繰り返し読ませる必要がある。範読をする前に、題名の横の空いている所に○印を一〇個書かせる。

全文を一回読み終えたら、その○を一つ赤く塗りつぶさせる。子どもたちには「単元の学習が終わるまでに、○を一〇個塗りつぶしていたら合格です」と伝える。

そうすることで、家でも自主的に音読してくる子が増える。音読カードは宿題であり、やってこなければ叱られるシステムだが、これはやってくれれば褒められるシステムになっている。

褒めるためには、誰がどれだけ○を塗っているか確認する必要があるが、授業の始めや朝の会などで、簡単に確認することができる。例えば、次のような方法である。

i「塗っている○の数を言います」

ii「○を～個以上塗っている人は立ちます」

教材文が長い場合、また、クラスの実態によっては、全文で一個だと厳しい状況がある。そのようなときは、ページごと、場面ごとのように区切って、○をつけさせる方法もある。

(2)範読

範読をする前に、赤鉛筆を子どもたちに持たせ、初めて読み方がわかった漢字を赤で囲むように指示を出す。

読み方を書かせてしまうと、子どもたちは平仮名ばかり見て、読んでしまうようになる。

また、一人で読んでいる時に、読み方がわからなかったら辞書で調べる子どもも出てくるようになる。

(3)音読

「たずねびと」は一四ページもある長い物語文である。全体指導の中で、一四ページも音読していたら、子どもたちは飽きてしまう。全体指導の中で、音読指導をするにしても、一部分を取り上げてする方がよい。

私の場合、次のように進めます。

i起立させて、隣同士で一文交代読みをさせる。

ii読み終わったら座らせて、一人で音読をさせる。

iのように音読させることで、読み方がわからない言葉が出てきたとしても、隣同士で教え合うことができる。また、全体の半分しか音読しないので、音読スピードがゆっくりな児童も比較的早く終わる。だから、一人で音読させるよりも、時間差が少なくなる。

目的をもたせて音読をさせることも効果的である。例えば、次のような指示を出してから、音読をさせる。

「登場人物を見つけながら、音読します」

「いつの時代のことなのか、どこで起こった話なのか確認しながら音読します」

このような指示を出してから、音読をさせることで、この後の学習活動がスムーズに流れ、時間をかけて考えさせたい所に時間をかけられるようになる。

3 設定を確認する

(1)登場人物

子どもたちに登場人物をノートに書かせる。書き終わった児童から登場人物を板書させていき、さらに、早く終わった児童にはノートを見せ合うように指示を出す。見せ合う時は、目的をもたせるとよい。「自分が書いていないものを探します」、「登場人物ではないものを探します」……というように。

全ての児童がノートに書き終わったら、板書されたものを確認する。例えば、中心人物である「わたし」は、「楠木綾」という名前でも出てくるが、「わたし」と「楠木綾」が同一人物であることがわからない児童もいる。他に「楠木綾」と「楠木アヤ」も確認した方がよいだろう。

(2)中心人物と対役

登場人物を列挙させた後、中心人物は誰かを考えさせる。次のような発問・指示を出す。

> 発問「一番重要な登場人物は誰ですか」

> 指示「その登場人物の上に◎を付けます」

これは、「わたし(楠木綾)」に確定する。一番重要な登場人物を「中心人物」ということを伝える。

そして、対役を考えさせる。次のような発問・指示になる。

> 発問「二番目に重要な登場人物は誰ですか」

> 指示「その登場人物の上に○をつけます」

これは意見が割れて、「楠木アヤ」、「お兄ちゃん」、「おばあさん」などが出てくると考えられる。子どもたちに、意見とその理由を発表させていく。

発表がひと段落ついたところで、「二番目に重要な人物は、中心人物の心情を変える役目をしています」と伝えることで、それをもとに子どもが考えるようになる。ここで意見を変化させる子どもも出てくる。

この物語の場合、対役を確定せずに進めても、その後の授業に支障はないので、確定はしない。

確定する必要がある物語もあるので、教材によって使い分ける必要がある。

4 キーワード

物語にはその話を貫くキーワードがある。そのキーワードは動詞の形で出てくることが多い。キーワードを教材研究の段階で見つけておく。

私は「たずねびと」のキーワードは「わすれ」だと考えた。このキーワードをもとに、授業を展開していく。

【「わすれ」を見つけさせる】

指示「一〇八ページ、開きます」

指示「四行目、『それきり』から読みます」

指示「『わすれ』を〇で囲みます」

指示「漢字に直します」

指示「他に三か所あります。探して〇で囲みます」

一つ目　一〇八ページ　四行目
二つ目　一一八ページ　二行目
三つ目　一一八ページ　一四行目
四つ目　一一九ページ　二行目

【仲間外れを見つけさせる】

> 発問「一つ仲間外れがあります。どれですか」

自分で決めさせた後、班で相談させたり、近くの人と相談させたりする。そして、全体の場で、意見と理由を発表させていく。発表が終わった後、一つ目が仲間外れだと確定する。この一つだけが「忘れる」であり、他は「忘れない」となっているからである。一つ目が仲間外れだと最初に伝え、その理由を考えさせる方法もある。

> 指示「一つ目の『わすれ』に×を付けます」

【最も重要な「わすれ」はどれか】

> 指示「残りの『わすれ』に番号を付けます」
>
> 一一八ページ　二行目　→①
> 一一八ページ　一四行目→②
> 一一九ページ　二行目　→③

> 発問「最も重要な『わすれ』はどれですか」

ノートに書かせず、発表させ、発表が終わった後、多かった二つにしぼる。

> 発問「重要なのはどちらですか」

ノートに意見と理由を書かせて発表させる。

（吉田知寛）

8　有名物語教材を扱った単元づくり例　六年生「帰り道」

POINT! クライマックスは「今」か「笑い」かを問うことで主題を扱う

1　登場人物

指示
登場人物を全て書き出しましょう。

周也　律　律の母　級友

「律の母」「級友」は二人の会話の中でのみ登場するので、登場人物として入れない場合もありえる。学級の実態に合わせて扱う。

2　中心人物

指示
出された登場人物の中で、一番重要な人物に◎をつけます。次に重要な人物に○をつけます。

この作品では、中心人物は決められない。同じ場面が「周也」と「律」の別々の視点で語られているからである。

それでも、敢えてこの指示を出すことで、子どもから「先生、二人それぞれの視点で書かれているから、決められません」といった意見を引き出すことができるかもしれない。

そういった時は褒めるチャンスである。

3　クライマックス

発問
「1」の場面（教科書には1、2と明記されている）で、律の考え方や行動がガラリと変化するのは、どこからですか。

指示
変化する瞬間の一文に線を引きます。

「1」の場面では、次の五つを子どもが候補としてあげそうである。

1の場面
① ぼくと周也はむやみにじたば

たし、意味もなくとんだりはねたりして、またたく間に天気雨が通り過ぎていくと、たがいのぬれた頭を指さし合って笑った。
②　本当に、あっというまのことだったんだ。
③　ざざっと水が降ってきて、何かを洗い流した。
④　周也の気どった前がみがべたっとなったのがゆかいで、ぼくはさんざん腹をかかえ、気がつくと、みぞおちの異物が消えていた。
⑤　そのまぶしさに背中をおされるように、今だ、と思った。

同様に「2」のクライマックスも問う。次の三つが候補として出るだろう。

2の場面

①　何もかもがむしょうにおかしくて、雨が通りすぎるなり、笑いがあふれだした。
②　律もいっしょに笑ってくれたのがうれしくて、ぼくはことさらに大声をはり上げた。
③　たしかに、そうだ。

「1」で話し合いをさせると、子どもは様々な意見を出す。
「今まで笑っていなかった律が笑ったので①だ」
「みぞおちの異物が消えていたのが変化した瞬間だ。よって④だ」
「背中を押されて行動するから⑤だ」のように。
この場合、次の発問をするのも一つの手である。

発問

「1」では、①〜④に代表される「笑う」が大事な変化なのですか。それとも、大事なことを言うチャンスが来た⑤の「今」が大事な変化なのですか。

これで「天気雨を通じて笑い合った」先にある「二人が理解し合う」場面を扱うことができる。「2」も扱う。

発問

「2」では「笑う」が大事な変化なのですか。それとも、律の意見に賛成する瞬間の③の「たしかに、そうだ」が大事な変化なのですか。

この話し合いをすることで、次のことに子どもは気づく。

「大雨がきっかけで、すれ違っていた二人が顔を合わせて笑う。その先にある相互理解」

この「相互理解」は、次の④「中心人物の変容を一文でまとめる」で扱うことになる。

先ほど、中心人物が決められず、よって対役も決まらなかった。しかし、二人の考えや行動をガラリと変える出来事があった。それを問う。

発問
二人の考え方や行動をガラリと変える出来事がありました。それはなんですか。

指示
漢字三文字で書き出しましょう。

「天気雨」である。これが二人のすれ違いを変えるきっかけとなった。

4 中心人物の変容を一文でまとめる

説明
二人ははじめ、「どっちも好き」という意見ですれ違っていました。それが「天気雨」がきっかけで二人の関係がガラリと変化しました。お互い笑い合ったのです。

発問
笑った後、二人はそれぞれどのような考えをもったのですか。

律
わかってもらえた気がした。

周也
どっちも好きってこともある。

それぞれの視点から記述を抜き出す。これが二人の「相互理解」の部分である。これを使って中心人物の変容を一文でまとめさせる。

説明
この作品を一文でまとめます。

指示
「　」に言葉を入れて完成させます。

はじめすれ違っていた二人が天気雨を通じて笑い合い、
「　　　　」。

「わかってもらえた気がした」「どっちも好きってこともある」この二つ

の文をまとめる形になる。

例
はじめはすれ違っていた二人が天気雨を通じて笑い合い、**「お互いの考えを理解し合う」**。

5 対比

この作品は、同じ場面を二人の視点から書いた珍しい作品である。対比を扱うことでニ人のすれ違いをよりはっきり読み取ることができる。

> 「1」の「今日はなし。かんとく、急用だって。」に線を引きます。同じ場面が「2」では、何と書かれていますか。線を引きます。

「今日はなし、かんとく急用だって」
↔
以降、絶対にぼくの顔を見ようとしない律のことが気になって、野球の練習を休んでまで玄関口で待ちぶせしたのに、（略）

> このように同じ場面でも二人の見方、考え方は違うのです。他にもありますのでたくさん探しましょう。

子どもは探す活動が好きである。ノートにたくさん書かせ、それを次々と板書させていくと苦手な子の参考にもなる。

子どもが全て出し尽くしたら次の発問をすると盛り上がる。

> 出された対比の中で、一番大切なのはどの対比ですか。

板書された対比に番号を振っておくと、話し合いがスムーズにいく。

あらかじめ教師が大事な意見を絞って次のように聞くのも手である。

> 「周也にしてはめずらしく言葉がない」↔「こんなときに限って口が動かず、できたのはだまってうなずくだけ」を①とします。
> 「なのにわかってもらえた気がした」↔「ぼくにうなずき返したんだ」を②とします。
> どちらが大事な対比ですか。

（竹岡正和）

1 説明文単元で目指す「つけさせたい力」は何か

POINT!
「読み取る力」「考えをもつ力」「伝える力」が目指す力である

1 説明文の指導事項

説明文単元では、次の事項を指導している。

1 段落
2 はじめ 中 おわり
3 問いと答え
4 主張
5 要約（段落・全文）
6 要旨
7 指示語
8 書き換え（リライト）
9 意見文

これらを、その時につけさせたい力、教材文に合わせて、選択し、配列して授業展開している。

2 説明文指導の目的

そもそも、説明文教材を通してどのような力をつけさせたいのか。

ニュース
説明書
雑誌
レシピ
仕事のマニュアル
イベントの案内
学校便り……

日常生活の中で、私たちが目を通すほとんどのものが説明的な文章

私たちは、生活する上で、膨大な説明的な文章・情報の中から、

何についてのことなのか。
大切なこと（主張）は何か。
事実に対して自分はどう考えるのか。

を読み取る必要がある。時には、**自分が発信者となって相手にわかりやすく伝えること**も必要となる。つまり、説明文教材を通して、

1何について述べられているのかを読み取る力
2大切なことは何かを読み取る力
3読み取ったことに対して、自分なりの考えをもつ力
4相手に情報をわかりやすく伝える力

をつけさせることが目的と言える。

3 指導要領からみる指導事項

説明文単元指導を、指導要領「C読むこと」領域の構成で見てみる。

学習過程として、

> 1構造と内容の把握
> 2精査・解釈
> 3考えの形成
> 4共有

の四つが書かれている。

どのような学習かというと、

> 1構造と内容の把握
> ↓文章が**どのような構造**になっているか、**どのような内容**が書かれているかを把握すること。

> 2精査・解釈
> ↓**重要な（中心となる）語や文を見つける**こと。必要な情報を見つけたり、論の進め方について考えたりすること。

> 3考えの形成
> ↓文章を読んで理解したことなどに基づいて、**自分の考えを形成**すること。

> 4共有
> ↓文章を読んで感じたことや考えたことを共有し、自分の考えを**広げる**こと。

とある。

「A話すこと・聞くこと」「B書くこと」でもこれらに近いことが書かれている。

ただ内容の把握に終始するのではなく、

> この教材を通して、どの力をつけさせたいのか。

を明らかにしながら、指導展開を考えること。が必要となる。

さらにこれら四つの力を年間計画として、どの単元で、どのように指導するかを明らかにしておくことも必要になる。

説明文教材を通してつけたい四つの力

年間計画・学年間の系統としても「この教材を通して、どのような力をつけたいのか」を明らかにしておく必要がある。

1　構造・内容を読み取る力
2　重要な語・文を読み取る力
3　自分なりの考えをもつ力
4　相手にわかりやすく伝える力

（田丸義明）

2 説明文単元の基本的な授業展開

POINT!
説明文教材には二つの型がある。
九つの指導事項を使って単元構成する

1 説明文教材の特徴

説明文教材は、大きく言って二つの型に分かれる。

A　事実の紹介が中心の文章

くちばし、うみのかくれんぼ、たんぽぽのちえ、こまを楽しむ、ありの行列などが当てはまる。これらの特徴は、問いと答えの構造で展開されていることである。あくまでも事実を紹介することで終えている文章であり、低学年の教材文で多く登場する。

B　筆者の主張が中心の文章

生き物は円柱形、想像力のスイッチを入れよう、時計の時間と心の時間などが当てはまる。これらの特徴は、はじめか、終わりに筆者の主張が書かれていることである。主張を明確にするために、問いと答えの構造が使われている場合もあれば、使われていない場合もある。事実の紹介を通して、筆者がなにかしらの主張を述べており、高学年の教材文で多く登場する。

教材研究の段階で、AとBのどちらなのかをまず判断する。

2 説明文の基本的な単元展開1

説明文教材では、次の九つの指導項目を使って単元を構成するようにしている。学年や時期、教材文を見てこれらを組み合わせて単元を作っている。まず、

A　事実の紹介が中心の文章

の授業展開を紹介する。

説明文単元での指導事項9
1 段落
2 はじめ　中　おわり
3 問いと答え
4 主張
5 要約（段落・全文）
6 要旨
7 指示語
8 書き換え（リライト）
9 意見文

説明文単元の基本的な流れ

段落に番号を振ります

⇩

はじめ　中　おわり　に分けます

⇩	⇩
問いの文はどこですか	筆者の主張はどこですか
⇩	⇩
答えの文はどこですか	筆者の主張を要約します
⇩	⇩

中を要約します（全段落行う場合も、特定の段落のみの場合もある）

⇩	⇩
学習した文章の型を使って自分で文章を書きましょう	筆者の主張に対して、自分はどう考えるか、意見文を書きましょう

あくまでも、基本的な流れであり、学年、時期、教材文によって進め方は変化する。例えば、問いと答え、筆者の主張の両方を扱うこともある。発問後、子ども同士で意見交流をする。違った点があれば話し合いをする。低学年は問いと答えの説明文、高学年は主張の説明文が多い

例えば、三年生「こまを楽しむ」（光村）の場合は次のような単元展開になる。上記の「基本的な流れ」とともに紹介する。もちろん、十分に音読ができるようになってからの展開である。

1　段落に番号を振ります。
2　はじめ　中　おわり　に分けます。
3　なぜ、この分け方になるのですか。理由をノートに書きます。

↓ノートに書いた「3」を発表させると、子どもから「どんなこまがあるのでしょうか。どんな楽しみ方ができるのでしょうか」というはてなの部分、まとめの部分だから、という意見が出される。それらが、「問いの段落」「答えの段落」というこ

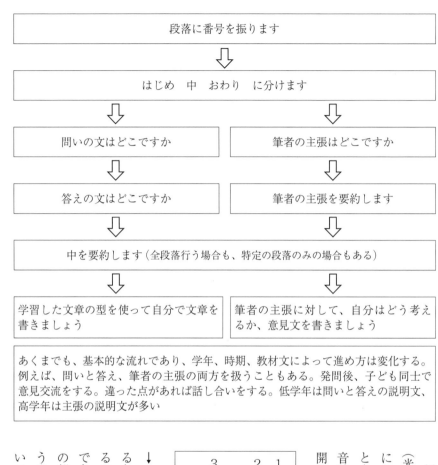

とを教える。

> 4「どんなこまがあるのか」「どんな楽しみ方ができるのか」について本文ではなんと書いていますか。短くまとめます。

というような単元展開になる。

前述の九つの指導事項で言えば、

> 1 段落
> 2 はじめ　中　おわり
> 3 問いと答え
> 5 要約

を扱ったことになる。もし、さらに授業するのであれば、

> 8 指示語（「それ」とは何のことですか）
> 9 発信（本文の型を使って意見文を書く）

こまを楽しむ

段落→8段落

はじめ　中　おわり

1　234567　8

なぜ、このように分けられるのか、理由をノートに書きます。

問い→1段落

では、どんなこまがあるのでしょう。また、どんな楽しみ方ができるのでしょう。

答え→8段落

このように、日本には、さまざまなしゅるいのこまがあります。さまざまな楽しみ方のできるこまをたくさん生み出してきたのです。

↓

どんなこまがあり、どんな楽しみ方ができるのか。

1 色がわりごま
回っているときの色を楽しむ。

2 鳴りごま
回っているときの音を楽しむ。

3 さか立ちごま
回り方がかわる動きを楽しむ。

4 たたきごま
たたいて回しつづけることを楽しむ。

5 曲ごま
おどろくような所で回して、見る人を楽しませる。

6 ずぐり
雪の上で回して楽しむ。

↓

どんなこまがあり、どんな楽しみ方ができるのか。

短くまとめることを要約

1 回っているときの色を楽しむ　色がわりごま。

2 回っているときの音を楽しむ　鳴りごま。

3 回り方がかわる動きを楽しむ　さか立ちごま。

4 たたいて回しつづけることを楽しむ　たたきごま。

5 おどろくような所で回して、見るを楽しませる　曲ごま。

6 雪の上で回して楽しむ　ずぐり。

↓

教科書の文章を参考にして、自分で説明文を作る。

学校には、いろいろな教科があります。どんな教科があるのでしょうか。

まずは、国語です。国語では、教科書の音読や漢字のべんきょうをします。

つぎに、図工です。図工では、絵をかいたり、作品を作ったりします。

このように、学校には、いろいろな教科があります。

教科以外にも給食、行事、教室等でも、できる。身近な事例だと書きやすい。

を扱うこともできる。

3 説明文の基本的な単元展開2

B　筆者の　主張が中心の文章

の授業展開を六年国語「笑うから楽しい」（光村）から紹介する。

1.段落に番号を振ります。
2.はじめ　中　おわり　に分けます。

3.筆者の主張はどこに書かれていますか。

→筆者の主張がはじめにある文章を「頭括型」、終わりにある文章を「尾括型」、はじめと終わりにある文章を「双括型」ということを教える。

4.筆者の主張を短く、二〇文字程度で要約します。

笑うから楽しい

段落→四段落
はじめ　中　おわり
1｜2 3｜4
主張はどこですか。

1 私たちの体の動きと心の動きは、密接に関係しています。

3 2 例示

はじめとおわりに主張がある双括型

4 私たちの体と心は、それぞれ別々のものではなく、深く関わり合っています。

主張を二〇文字程度要約します。
キーワード一つあたり三点です。
密接に関係している私たちの体と心の動き。
深く関わり合っている私たちの体と心。

前述の九つの指導事項で言えば、

1　段落
2　はじめ　中　おわり
4　主張
5　要約

を扱ったことになる。

もし、さらに授業するのであれば、先ほどと同様、

8　指示語（「それ」とは何のことですか）
9　発信（本文の型を使って意見文を書く）

を扱うこともできる。なお、6　キーワードは、内容理解が難しい場合に、

この説明文で大切なキーワードがあります。三つ見つけましょう。

のように支援の手立てとして扱うことがある。7　書き換え（リライト）は、文章に不足があった場合に、適切な言葉を加えさせる学習である。

（田丸義明）

3 有名説明文教材を扱った単元づくり例 一年生「じどう車くらべ」

例示をすることで書けるようになる説明文作り

「じどう車くらべ」の単元の終わりに、教科書に出てこないじどう車の説明文の書き方を扱う。書く時のポイントは、口頭作文と板書で例示をし、目と耳からも情報を入れることである。

まず、教科書に出てくる三つのじどう車の「しごと」と「つくり」を確認する。

> ○○（じどう車の名前）のしごとに線を引きなさい。

早く書いた子を指名し、確認する。線が引けているかも確認する。

> ○○（じどう車の名前）のつくりがわかる人は手を挙げなさい。

「つくり」は言葉の意味が難しいので、わかる子を指名して答えてもらい、例示とする。例示をした後に、

> ○○（じどう車の名前）のつくりに線を引きなさい。

と指示を出す。

これもしごとの時と同様、早くできた子に答えてもらい、全体への例示とする。

説明文の書き方をおさえた後は、教科書に載っている三つの車の説明文を視写させる。子どもは作業を通して書き方を身につけていく。

視写を終えたら、「はしご車」の写真を黒板に提示する。

はしご車にする理由は、ほとんどの子が知っていると予想するからである。

また、知らなくても消防車に長いはしごが付いているのでどんな車で、どんな仕事をし、どんなつくりになっているのかが、答えやすいからである。

はしご車の写真は子どもたちにも配る。手元にあることでよりじっくりと見て考えることができるからである。提示後、写真の車ははしご車であることを教える。

> しごとは何ですか。隣と相談しなさい。

隣と相談することで、自分の知らない情報を共有することができる。

また、どんなしごとかわからない子への例示にもなる。そして、自分の考えを伝える練習にもなる。どんなしごとをしているか知っている子に答えてもらう。

黒板に教師が書き、それを写すように指示を出す。

はしご車のつくりはどうなっていますか。隣と相談しなさい。

「はしごが長い」「はしごが頑丈にできている」等、意見が出るだろう。つくりは多く出されると予想されるので、意見を出し切らせる。

この時、列を指名したり、発表したい子に聞いたりする。意見が出尽くしたら、つくりについて板書する。そして、その板書を写すように指示をする。これで、はしご車の説明文は完成である。

最後に全員で音読する。音読することで、さらなる説明文の構造理解につなげる。

説明文に使う言葉は、教科書の三つのじどう車の書き方の中で共通して出てくるものである。

（じどう車の名前）は、
――しごとをしています。
そのため、――
――ます（います）。

説明文の書き方を教え、実際に書き、このアウトラインを提示しておくことで、どんなじどう車の写真でも書けるようになる。

次に「きゅうきゅう車」の写真を提示する。

書き方はもう習っているので、

きゅうきゅう車について書いてごらんなさい。

と指示をする。書いた子から持ってくるように伝える。黒板に提示してあるアウトラインの言葉、書き方を使って書けているか確認する。

書けていたら○をつけ、発表してもらう。発表を聞くことで「あのように書けばよいのだ」とイメージすることができる。

発表し終わったら何もしない時間を作らないように、二つ目、三つ目のじどう車の写真を用意しておく。

図書室等で本を数冊借りておくことで、書きたいじどう車の写真を提示することができ、書くことに対するさらなる意欲の向上にもつながる。

（北倉邦信）

北倉邦信

くらべて　よもう（光村）

じどう車くらべ

五時間計画　一一月

準備物
教科書

第一・二時　範読・音読

第一時　「じどう車くらべ」を音読する　正確に読む

①範読する。

※題名の横に鉛筆で○を一〇個書きます。一回読んだら丸を一個ぬります。

②追い読みをする。

③交代読みをする。

※「。」で交代することを教える。

④男女交代読みをする。（男子が先）

⑤交代する。（女子が先）

第二時　問いと答えの段落を探す

①音読後、形式段落に番号をふる。

②問いが書いてあるところを探す。

※じどう車がどんなことをしているか聞いているところは何番かを聞く。

③答えが書いてあるところを探す。

※「しごと」「つくり」に線を引く作業をさせることで手がかりを教える。

第三時　他のじどう車の説明文を作る　情報の扱い方

①教科書に出てくる三つのじどう車の「しごと」「つくり」を確認する。

②黒板に「はしご車」の写真を提示する。

※はしご車を知らない子がいた場合、書くことができないため、写真を提示する。子どもにも写真を配り、手元で見えるようにする。視力が弱い子への配慮でもある。

③「はしご車」のしごとを聞く。

※口頭で聞くことで、はしご車を知らない子どもにも情報が蓄積されていく。

④黒板に「はしご車のしごと」についての説明文を書く。

※子どもから出たことを書くことで意欲を高める。
例えば「はしご車は、にげおくれて高いところにいる人をたすけます。」と書く。
※教科書と同じ構造で書く。
教師はあらかじめアウトラインを考えておく。
〜〜〜〜は、
〜〜〜〜〜〜〜〜〜しごとをしています。
そのため、〜〜〜〜〜〜〜〜ます（います）。
⑤「はしご車」のつくりを聞く。
※挙手や列ごとに指名して子どもの考えを聞く。
発言しただけで素晴らしいことを褒める。
⑥黒板に「はしご車のつくり」についての説明文を書く。
※子どもから出た意見を黒板に書く。
例えば、「そのために、はしごがのびるようになっています。」と書く。
⑦同じ授業の展開で別の車についての説明文を書く。
※学級の実態に合わせて扱う車を選ぶ。
ここでは「きゅうきゅう車」等の誰もが知っている車を扱うと多様な意見が出ることにつながる。

第四時　作りたいじどう車の説明文を作る

情報の扱い方

①あらかじめ数種類のじどう車の写真を用意しておく。
※用意する写真は子どもに事前に聞いておくとよい。
図書室や家で写真や本を用意できる場合は授業までに用意しておくことを伝えておく。
②アウトラインを黒板に提示する。
※第三時で提示したアウトラインを使うとよい。
③書けたら教師に見せる。
※早く書けた子に発表してもらう。
発表を聞くことで、それが例示となり、どのように書けばよいのかわかる。
苦手な子には、教師が口頭で伝えたり、赤鉛筆でなぞって写すように指示したりする。

第五時　説明文を発表する

①書いた説明文を発表する。

【評価のポイント】　じどう車の「しごと」と「しくみ」を理解している

4　有名説明文教材を扱った単元づくり例　二年生「たんぽぽのちえ」

POINT!　文と挿絵を対応させる学習から、対話的な活動につなげていく

「資料と文を対応させる力をつける単元づくり」例である。「たんぽぽのちえ」は文に対応した挿絵が掲載されている。挿絵と文を対応させる授業を行うことができる。意見が分かれたときは理由を言わせ、対話的な活動につなげていく。

第三・四時　文章と挿絵を対応させる

> 指示　たんぽぽの絵が描かれています。順に番号を書きます。

①～⑤までの番号を書かせる。

> 指示　①の絵を説明しているのはどの文ですか。線を引きなさい。

①
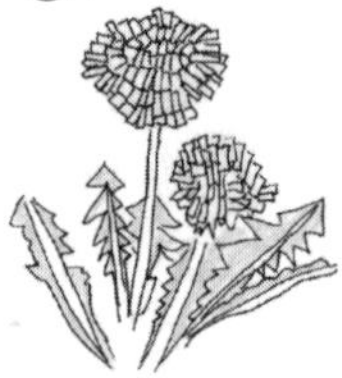

「春になると、たんぽぽの黄色いきれいな花がさきます。」

> 発問　なぜその文だと考えたのですか。

「『黄色いきれいな花がさきます』と書かれているから」

> 指示　次のようにノートに書きなさい。

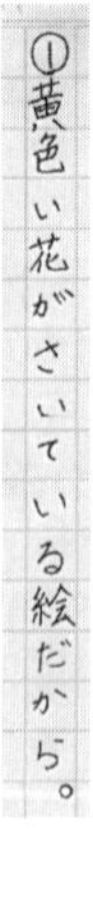

まず発表させてから、ノートの書き方を指導する。①（番号）を書いて、その下に理由を書かせていく。

> 指示　②の絵を説明しているのはどの文ですか。線を引きなさい。

②

「そうして、たんぽぽの花のじくは、ぐったりとじめんに～。」

この文を選ぶ子が多いだろうが、次の文を選ぶ子もいるであろう。

「花とじくをしずかに休ませて、たねにたくさんのえいようを～。」

前文は「たんぽぽのちえ」が書かれており、後文は「そのわけ」が書かれているのである。①と同様に理由を書かせる。

意見が分かれた時、二年生が最初から全体で話し合うのは難しいだろう。そこで、次のようなステップで話し合いをさせる。

①隣同士で発表させる。
②それぞれの立場において二、三名に発表させる。
③「賛成の人はいますか」「反対の人はいますか」発言を促す。

全体の場で賛成意見、反対意見を言えた子を大いに褒めていく。

説明　「そうして～」の文はたんぽぽのちえを書いています。後の「花とじくを～」の文は、なぜそのようなことをするのか「わけ」が書いてあります。「ちえ」と「わけ」を区別して読むことが大切です。

③の挿絵から「ちえ」と「わけ」に分けて読み取らせていく。

発問　③の絵のたんぽぽのちえが書かれている文に線を引きなさい。

③

「このころになると、それまでたおれていた花のじくが～。」

「そうして、せのびをするように、ぐんぐんのびていきます。」

発問　③の絵のわけが書かれているのはどの文ですか。波線を引きなさい。

「それは、せいを高くするほうが、わた毛に風がよくあたって、～。」

同じようそれぞれ理由を書かせ、発表させていく、

一一月に指導する「馬のおもちゃのつくりかた」でも、文章と写真を対応させて読ませる。学年が上がっても、写真やグラフなどと文を対応させる学習をする。「資料と文を対応させる学習」を単元の中に入れ、力をつけていく。

（保坂雅幸）

保坂雅幸

じゅんじょにきをつけて読もう（光村）

たんぽぽのちえ

七時間計画　五月

準備物

科学的な読み物。教科書巻末の「この本読もう」に示されている本一冊。『てのひらかいじゅう』がおすすめ。

その他、図書室で「科学的な読み物」が人数分あるか確認しておく。

第一時　範読・音読　※基礎編参照

第二時　音読・初めて知ったことを書かせる　語彙を増やす

①「たんぽぽのちえ」を読んで、初めて知ったことを書きましょう。

「たんぽぽのちえ」を読んで、はじめてしったことがあります。

一つ目は〜です。

二つ目は〜です。


（例）


一つ目は、じくがたおれても、たんぽぽはかれていないということです。

二つ目は、雨の日にはわたげをとばさないことです。

②グループで発表しなさい。

第三・四時　文章と挿絵を対応させる　情報の扱い方

①絵に番号をつけなさい。①〜⑤までの番号を書かせる。
②①の絵の説明をしている文はどれですか。線を引きなさい。
「春になると、たんぽぽの黄色いきれいな花がさきます。」

なぜ、その文だと考えたのか、理由をノートに書きなさい。

（例）黄色い花がさいている絵だから。

同様にして②〜⑤の絵についても扱う。線を引く文は以下の通り。

② 「そうして、たんぽぽの花のじくは、ぐったりとじめんに〜。」
③ 「このころになると、それまでたおれていた花のじくが、また起き上がります。」「そうして、せのびをするように、〜。」
④ 「よく晴れて、風のある日には、わた毛のらっかさんは、〜。」
⑤ 「でも、しめり気の多い日や、雨ふりの日には、〜。」

第五・六時　順序を表す言葉に注目し、たんぽぽのちえやわけ、思ったことを表にまとめる。

情報の扱い方

	ちえ	わけ	思ったこと
二、三日たつと	たんぽぽの花のじくは、ぐったりとじめんにたおれてしまいます。	花とじくをしずかに休ませて、たねにたくさんのえいようをおくっているのです。	花とじくを休ませてえいようをおくるなんて、かしこいと思いました。
やがて			
このころになると			
よく晴れて、風のある日には、			
しめり気の多い日や、雨ふりの日には、			

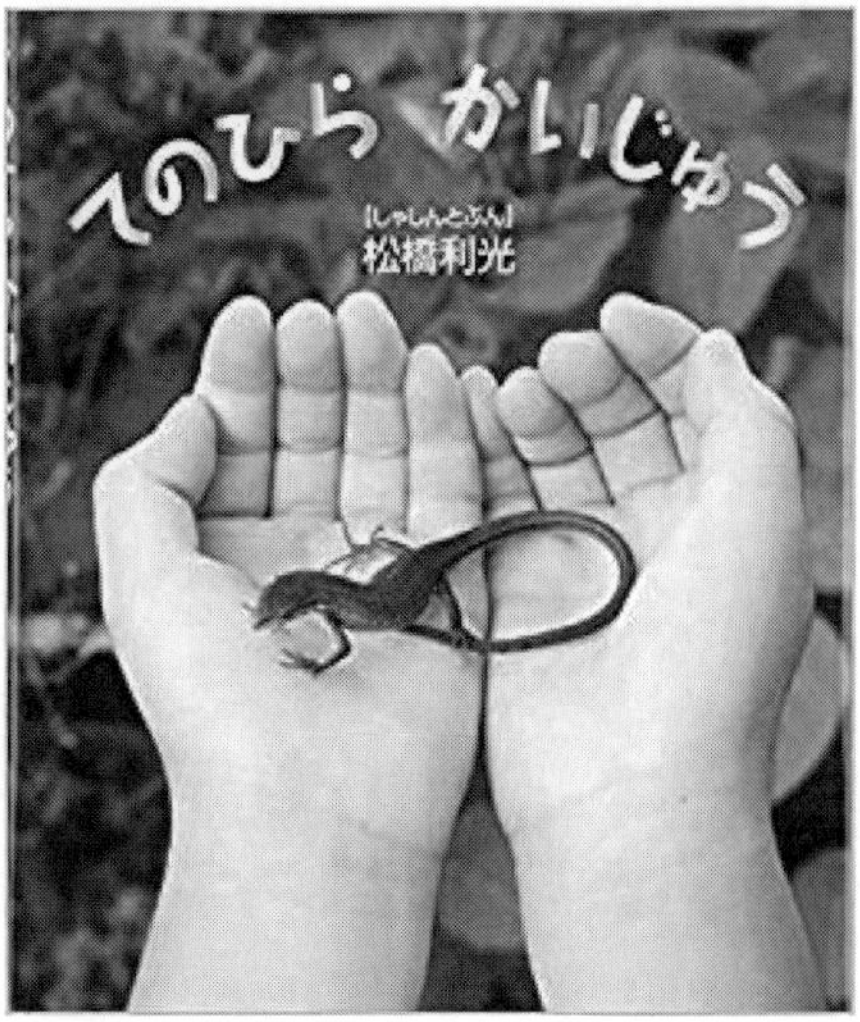

第七時　科学的な読み物を読む

学校図書館の活用

①「この本読もう」に紹介されている科学的絵本の中から一冊選び、読み聞かせをする。（例）『てのひら　かいじゅう』
②科学的な読み物（十進分類法40番台）を読みましょう。

【評価のポイント】　文章と挿絵を対応させ、それぞれの知恵に対する思ったことを書けているか

5 有名説明文教材を扱った単元づくり例 三年生「こまを楽しむ」

説明文の構造を骨格だけ残す授業

1 説明文の骨格だけを残す

説明文にはトピックセンテンスが各段落にある（はずである）。

各段落のトピックセンテンスだけを抽出し、それだけを読めばだいたいの意味がわかるようになっている（はずである）。

各段落のトピックセンテンスをさがしだし、説明文の骨格だけ残す授業を提案する。これはどの説明文でも実践が可能であり、極めて知的な授業になりやすい。

2 説明文の型

説明文には型がある。

1 話題提示
2 問題提起（問いかけ）
3 具体例（複数）
4 結論（まとめ）

この型にそって授業を展開する。

3 問いかけ文を抽出する

まずは「問いかけの段落」がどの段落なのか問う。通常は第一段落がそれにあたる。

段落が確定したらその中の「問いかけの文」がどれか問う。

教科書の問いかけ文には文末が「～でしょう。」と、「～でしょうか。」の「か」を省略した形が見受けられる。そこで、「か」を補って問いかけの文をノートに視写させる。

「こまを楽しむ」においては二つの問いかけ文がある。

教材によってはどちらが中心となる問いかけ文なのか検討させるのだが、本教材における問いかけ文はどちらも重要な位置づけである。

したがってこの二つの問いかけ文を一つにまとめさせる展開も考えられる。例えば、

日本にはどんなこまがあり、どんな楽しみ方ができるのでしょうか。

のようにである。

4 問いの答えを各段落から抽出する

次にこの問いかけの答えをさがす展開に移る。

各段落から答えにあたる一文を見

つけさせる。トピックセンテンスは通常各段落の第一文である。幸いに本教材はすべて第一文がトピックセンテンスとなっているので三年生にも見つけやすい。しかも、二つの問いかけ文に一文で答えている構造になっている。

例えば、第二段落のトピックセンテンスは、

色がわりごまは、回っているときの色を楽しむこまです。

である。

問いかけの「どんなこまがあるのでしょうか」「どんな楽しみ方ができるのでしょうか」の二つの問いに一文で答えている構造である。

第二段落で答えの文（トピックセンテンス）が段落の第一文に配置されていることを発見した子どもたちは、第三段落以降の答えの文をさがす際、当然、第一文を見ていくことになる。そして、確かに段落の第一文が答えの文になっていることに気付くのである。

こうして七段落まで答えの文を確定し、ノートに視写させていく。

ノートには「こまを楽しむ」の骨格文だけが書かれていく。

5 まとめの文を抽出する

最後に「まとめの段落」は何段落か問う。通常最終段落がそれにあたる。

次にまとめの文を問う。これも通常は「このように」が使われた文になる。

ただし、「こまを楽しむ」に関しては事情が異なり、「このように」で始まる第一文は二つある問いかけ文のうちの最初のまとめにあたる。要するに「どんなこまがあるか」についてだけまとめている文なのである。もう一つの問いかけである「どんな楽しみ方ができるか」については第三文がそのまとめの文として機能している。

このような事情であるため、二つのまとめの文を字数制限しながら一文にまとめるという学習を設定する。

まず、まとめの段落の中から必要な二つの文を選ばせる。その上で二つの文を四〇字以内で一つにまとめさせ、ノートに書かせる。

このように、さまざまなしゅるいがあってさまざまな楽しみ方のできるこまがあるのです。

最後に、問いかけ文からまとめの文まで通して読ませる。

トピックセンテンスだけで説明文の概要が理解できることに子どもたちは驚くのである。

（村野聡）

村野 聡

段落とその中心をとらえて読み、かんそうをつたえ合おう（光村）

こまを楽しむ

六時間計画　五月

準備物
実物のこまがあれば準備する。

第一・二時　範読・音読　※基礎編参照

第三時　問いと答えを対応させる　情報の扱い方

①「こまを楽しむ」の段落番号を書きなさい。
何段落ありましたか。（八段落）

②説明文には「問いかけの段落」があります。問いかけとはみんなに質問している段落です。何段落ですか。（一段落）

③「問いかけの文はどの文ですか。」

④この問いかけ文には「問いかけの一語」が省かれています。何ですか。（か）
「か」を問いかけの文に付け加えてノートに書きなさい。
①では、どんなこまがあるのでしょうか。
②また、どんな楽しみ方ができるのでしょうか。

⑤問いかけ文の答えの文を第二段落から探します。二段落を読んだら、座って線を引きなさい。
全員起立。（以下、三・四段落も同様）

⑥ノートの問いかけ文の続きに視写しなさい。

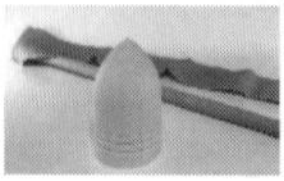

※左の①〜⑧は段落番号。

①では、どんなこまがあるのでしょう**か**。また、どんな楽しみ方ができるのでしょう**か**。

②**色がわりごま**は、**回っているときの色を楽しむ**こまです。

③**鳴りごま**は、**回っているときの音を楽しむ**こまです。

④**さか立ちごま**は、とちゅうから回り方がかわり、**その動きを楽しむ**こまです。

⑤**たたきごま**は、たたいて**回しつづけることを楽しむ**こまです。

第四時　問いと答えを対応させる　情報の扱い方

①問いかけ文の答えの文を第五段落から探します。五段落を読んだら、座って線を引きなさい。全員起立。（以下、六・七段落も同様）
②視写しなさい。

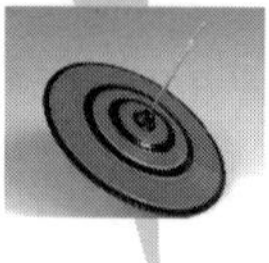

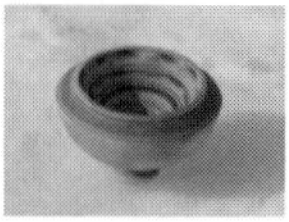

⑥**曲ごま**は、曲芸で使われ、**おどろくような所で回して、見る人を楽しませる**こまです。

⑦**ずぐり**は、**雪の上で回して楽しむ**こまです。

⑧**このように、**日本には、さまざまなしゅるいのこまがあります。人々は、（略）回る様子や回し方でさまざまな楽しみ方のできるこまをたくさん生み出してきたのです。

第五時　まとめの段落を検討する　情報の扱い方

①まとめの段落は何段落ですか。（八段落）
②まとめの段落の中から問いかけ文の答えになる二つの文を選びなさい。（第一・三文）
③二つの文を四〇字以内で一つの文にしなさい。
（例）このように、さまざまなしゅるいがあってさまざまな楽しみ方のできるこまがあるのです。
④できたまとめの文をノートに視写しなさい。
⑤これまでのノートの文章を全部読んでみましょう。

第六時　感想文を書く

①自分が一番遊びたいこまとその理由を書きなさい。
②班の中でお互いに感想を伝え合いなさい。

【評価のポイント】　もとの説明文を骨格だけにまとめ、感想を伝えられたか

6 有名説明文教材を扱った単元づくり例 四年生「アップとルーズで伝える」

POINT! スラッシュ分割法&要約→アップとルーズの写真を紹介しよう

■説明文教材で、何を授業するのか

学習指導要領から、中学年の指導事項に関するキーワードを列挙する。

①段落相互の関係
②目的を意識した要約
③感想や考えをもつこと
④感じたことや考えたこととの共有

これらを念頭に入れて単元を作り、授業を行った。八時間の記録を紹介する。

■一時間目

はじめは黙読をさせる。読むことの基本は、黙読である。静寂の中、集中して読む経験を全員に保証する。

黙読の後に、読み聞かせをする。視覚情報のみの黙読では、文章を理解できない子もいる。音声情報を加えて、理解を促す。

次に、初発の感想を書く。感想や考えをもつことは、学習指導要領にある指導事項である。「文章を読んだら感想・考えをもつ」ということを習慣づけしたい。

感想・考えをもったら、仲間との共有である。日常から「指名なし発表」で、自分の感想の要点を一〇秒程度で発表する練習をさせておく。全員に発表させても、六〜七分で感想共有ができる。

> 友達の発表で、よいと思ったことがあれば、自分の感想に書き足しましょう。

このように指示をしておくと、友達の発表に耳を傾けるようになる。自分の感想・考えも広がる。

近年、学習に目的意識をもたせるために、単元のはじめに単元のめあてや、学習のゴールを示すことが広まっている。主体的な学習を促す手立ての一つとして、このような手法も有り得る。文章について詳しく読み取った後、自分たちに身近な印刷物でアップとルーズを見つけ、紹介し合おうというゴールを設定した。

■二時間目

追い読みや交代読み、リレー読み等、様々な音読と辞書引き競争を行った。音読と言語に関する指導は、中学年でも国語の基礎・基本として大切にしたい。

■三時間目

段落相互の関係、文章構成の授業。「スラッシュ分割法」で授業するとよい。

> 文章全体を四つに分けます。
> スラッシュを四本、入れなさい。

ノートに①~⑧の段落番号を縦に書かせ、そこにスラッシュを入れさせる。

次に、子どもたちが前に出て板書

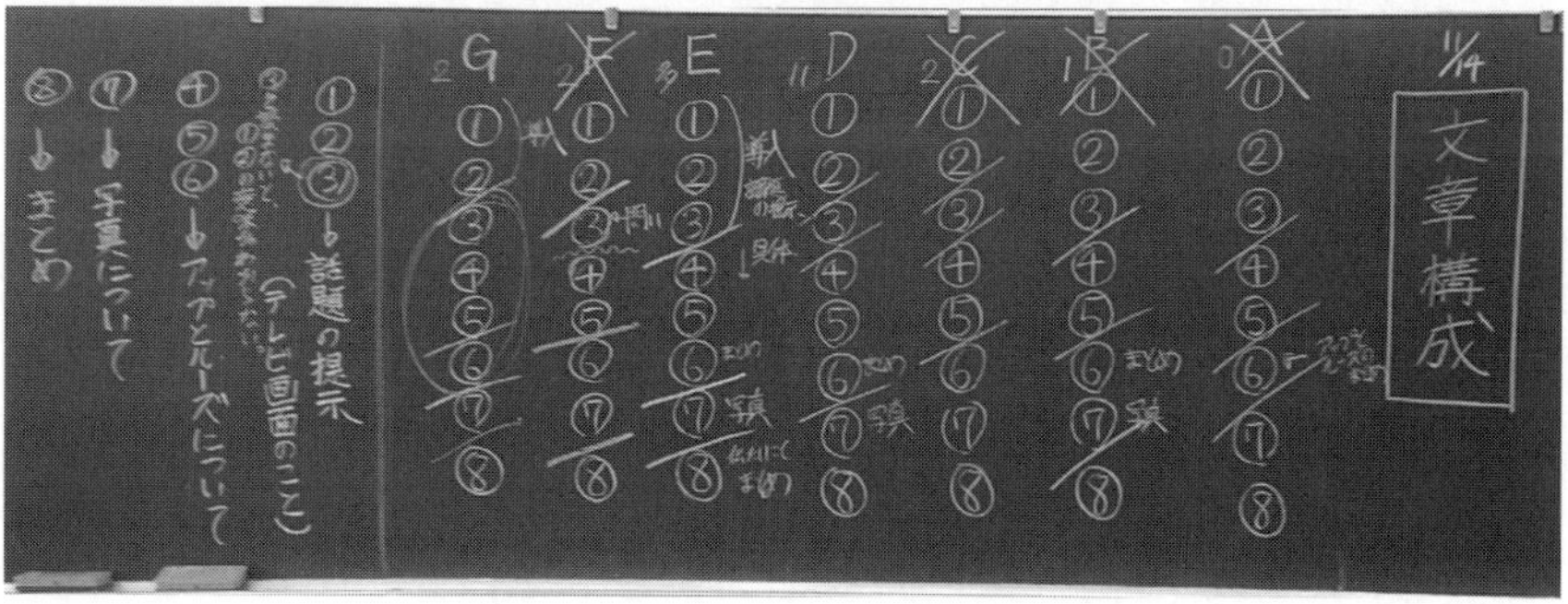

検討の結果、次の分け方になった。

①②③　／　④⑤⑥　／　⑦　／　⑧

話題の提示　アップとルーズのについて（板書）　写真について　まとめ

する。

全て子どもたちに板書させてもよいが、字の大きさが揃っていた方が見やすいので、数字は教師が書いておき、スラッシュのみ、子どもたちに書かせている。

わずか八段落の短い文章だが、子どもたちからは七通りの考えが出された。

「正しくない分け方は、どれですか?」

どの分け方が適切か。接続語や段落に書かれている内容を読み取りながら、段落相互の関係を検討させた。

■四・五時間目

単元のゴールとした「アップとルーズの写真の紹介」をするためには、アップとルーズとは何かを正しくつかんでおかなければならない。

アップとは何か。ルーズとは何か。正しい理解のために、アップと

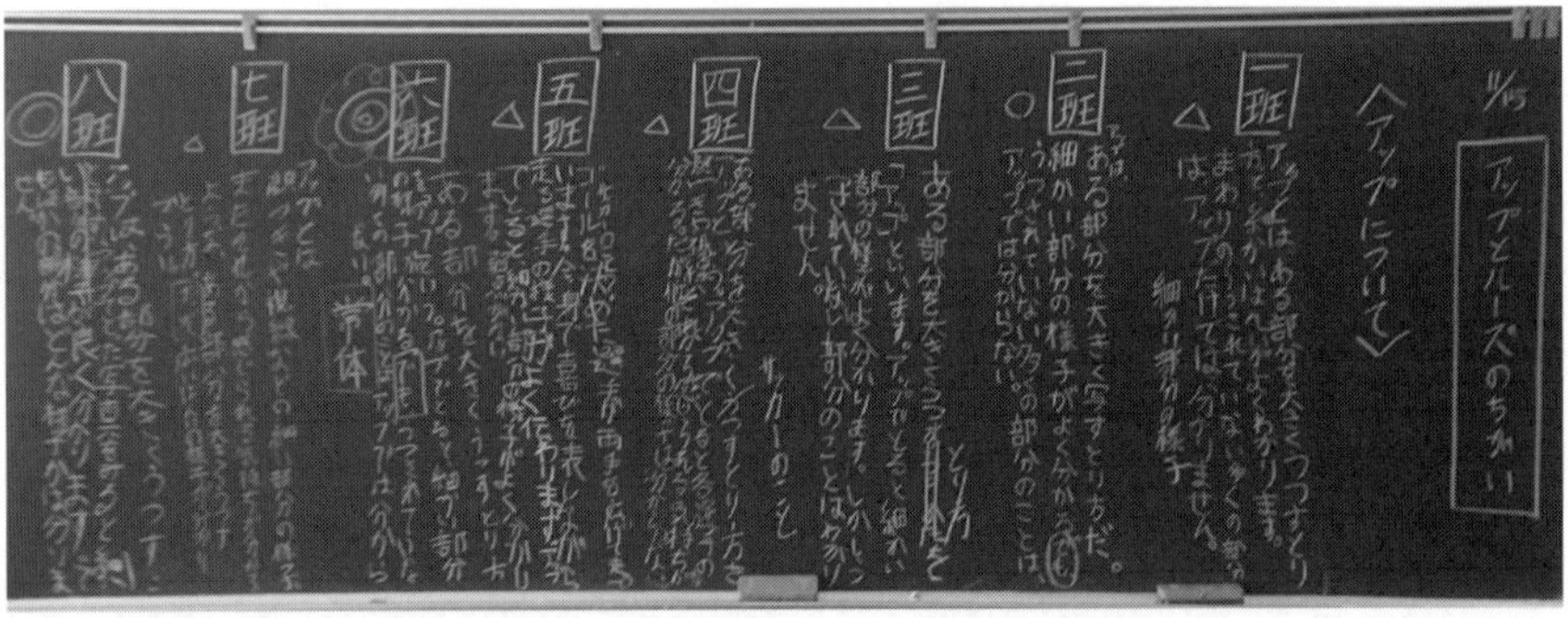

アップの要約における子どもたちの解→「ある部分を大きくうつすとり方をアップという。アップでとると細かい部分の様子がよくわかる。でも、うつされていない多くの部分のことはアップではわからない。」

ルーズに関する内容を要約しようという学習課題を設定した。指導要領にある「目的を意識した要約」の学習である。

アップとルーズ、それぞれ七五文字以内で要約をさせた。

①要約したいことに関連する文を見つけ、教科書に線を引く。
②個人でノートに要約文を書いてみる。
③グループで要約文を見せ合う。
④グループの代表者が黒板に書く。
⑤どの文がよいか、全体で検討する。

■六時間目

説明文は、作者が自分の考えを読者に伝える目的で書かれています。わかりやすく伝えるための工夫を見つけなさい。

筆者の説明の工夫を見つけさせた。二つのものを比べて対比させていること、写真と文章を対応させていること、はじめ、中、おわりの構成で書かれていることを押さえたい。

■七・八時間目

単元後半は、これまで学習してきたことをもとに、発展的な学習を行った。単元のはじめにゴールとして設定した「身近な印刷物からアップとルーズを見つけ、紹介し合おう」という学習である。ゴールを設定したときに、本、雑誌、新聞、広告等から、アップとルーズの説明に使えそうな写真を集めておくように指示しておいた。

「話すこと・聞くこと」単元ではないので、発表の形式はシンプルにした。型を示し、ノートに原稿を書かせた。

これは、「　　　」のルーズの写真です。
～ということが伝わります。
これは、アップの写真です。
～ということが伝わります。
～感想～
これで、発表を終わります。

原稿作成と練習に一時間、発表に一時間である。

発表時は、子どもが持ってきた印刷物を画面に投影した。最も盛り上がったのは、サメの写真を持ってきた子の発表。

ルーズの写真から魚を食べるアップの写真になったとき、歓声が上がった。

（武田晃治）

7 有名説明文教材を扱った単元づくり例 五年生「言葉の意味が分かること」

POINT!
①型を示す ②練習 ③本番

1 単元の見通しをもたせる

(1)単元で学習することを確認

単元の最初と最後には、その単元で学ぶことが書かれている。「言葉の意味が分かること」の最初のページには、次のように書かれている。

「文章の要旨をとらえ、自分の考えを発表しよう」

最後のページにも同じことがより詳しく書かれているが、教室によって、児童の実態が異なるので、参考程度にするとよい。

2 「見立てる」で練習させる

(1)音読

段落と「はじめ・中・おわり」のまとまりを見つけながら音読するように指示を出す。

「見立てる」は、すでに段落番号と「はじめ・中・おわり」が書かれているので、そのような指示を出す必要がないと思うかもしれない。しかし、次の「言葉の意味が分かること」の文章には書かれていない。同じ流れで進められるようにするために、そのような指示を出す。

二ページという短い文章なので、範読した後、すぐに一人で音読させる。

(2)段落とまとまりの確認

段落とまとまりについては口頭で確認していく。「はじめ・中・おわり」のまとまりについては、視覚化できるように、区切れるところに線を引かせます。

(3)筆者の考えを問う

筆者の考えを次のようにして見つけさせていく。

発問「筆者の考えが書かれた段落は、どれですか」

第一段落と第六段落に書かれている。第六段落の方が文の数が少ないので、第六段落で進めていく。

発問「筆者の考えが書かれた文は、どれですか」

指示「第六段落から一文で選びます」

第一文目「見立てるという行為は、想像力に支えられている」に確定する。こちらは「見立てる」と「想像力」の二つのキーワードが出てくるからである。

指示「一文目に線を引きます」

(4) 事例を問う

筆者の考えを支える事例を次のように見つけさせていく。

発問「事例は何段落に書かれていますか」

第二段落から第五段落に書かれている。さらに、突っ込んで発問していく。

発問「筆者はどのような例を挙げていますか」

指示「『あや取りの□□の付け方』という形で書きます」

「あや取りの名前の付け方」となる。

(5) 要旨を書かせる

筆者の考えと事例を使って、要旨を書かせる。要旨は、「筆者は○○を例に挙げて、□□ということを伝えたかった」という形で書かせる。

要旨は次のようになる。

「筆者は、あや取りの名前の付け方を例に挙げて、見立てるという行為は想像力に支えられているということを伝えたかった」

(6) 自分の考えを発表させる

筆者の考えは「見立てるという行為は、想像力に支えられている」である。これと似たような経験がないか子どもたちに考えさせる。考えさせる時に、教師が例を示せば、子どもたちは考えやすくなる。考えついた児童から発表させていく。

3 「言葉の意味が分かること」の要旨を自力でまとめさせる

(1) 音読

まず、教師が範読する。その後、段落と「はじめ・中・おわり」のまとまりを見つけながら音読するように指示を出す。

（２）段落とまとまりの確認

音読が終わったら、段落番号を書かせる。また、「はじめ」と「中」、「中」と「おわり」の間に線を引かせ、終わった人同士で確認をさせる。クラスメイトの考えを聞いて、修正すべきだと思ったら修正するように伝える。

（３）筆者の考えを問う

筆者の考えを次のようにして見つけさせていく。基本的には「見立てる」と同じ流れである。

発問「筆者の考えが書かれた段落は、どれですか」

最終段落に書かれている。最終段落は八文ある。次のように伝えると、子どもたちは考えやすくなる。

説明「大事なことは最初か、最後に書かれています」

発問「筆者の考えは、どの文に書かれていますか」

「そんなとき、『言葉の意味は面である』ということについて考えてみてほしいのです。」に確定する。

指示「この文に線を引きます」

指示語について考えさせる。

指示「『そんなとき』を○で囲む」

発問「『そんなとき』とは、どんな時ですか。二つ見つけます」

「さまざまな場面で言葉を学ぶ時」、「外国語の学習にちょうせんする時」である。この二つを入れて、ノートに書かせる。また、文末を「考えてみてほしい」で終わらせることを伝える。

書き終わったら、持ってこさせる。次のようなことを書いていたらノートに○をつける。

i「さまざまな場面で言葉を学んだり、外国語の学習にちょうせんしたりする時、『言葉の意味は面である』ということについて、考えてみてほしい。」

ii「さまざまな場面で言葉を学ぶ時や外国語の学習にちょうせんする時、『言葉の意味は面である』ということについて、考えてみてほしい。」

○をつけられた児童に板書させていく。さらに、終わった子どもには、筆者の考えを支える事例を見つけておくように指示を出す。

(4) 事例を班ごとに書かせる

事例を見つけさせることは子どもたちだけで取り組ませる。班で作業させることで、低位の子が何もノートに書けないという事態を防ぐことができる。

説明「筆者の考えを支える事例は二つあります」

指示「班でセットで見つけて、ノートに書きます」

指示「ノートに書いたら、黒板に書きます」

作業を始めたら、黒板を班の数分に等分する。また、一つの班だけレイアウトを示す。そうすることで、他の班も、それを真似して書くようになる。次のように書いておくとよい。

事例1…
事例2…
要旨
筆者は

(5) 要旨を班ごとに書かせる

事例を二つ黒板に書き終えた班には、要旨を書くように指示をする。

指示「要旨をノートに書きます」

黒板に例を書いておく。

「筆者は○○と△△を例に挙げて、□□ということを伝えたかった。」

指示「班全員書けたら見せます」

班全員が書いていることを教師が確認したら、黒板に要旨を書かせる。

早く終わった児童には、自分の考えを発表する練習をさせる。

(6) 自分の考えを発表させる

言葉の意味を面で考えて成功した経験や、点でしか考えないで失敗した経験を発表させる。その時に、要旨につなげて発表させる。

参考文献
「教育トークライン」二〇一八年五月号
石坂 陽「説明文の要旨をとらえさせる」

（吉田知寛）

8 有名説明文教材を扱った単元づくり例 六年生「メディアと人間社会」

POINT!
「段落」「トピックセンテンス」「主張」の三つで説明文の大体を扱う

1 段落分け

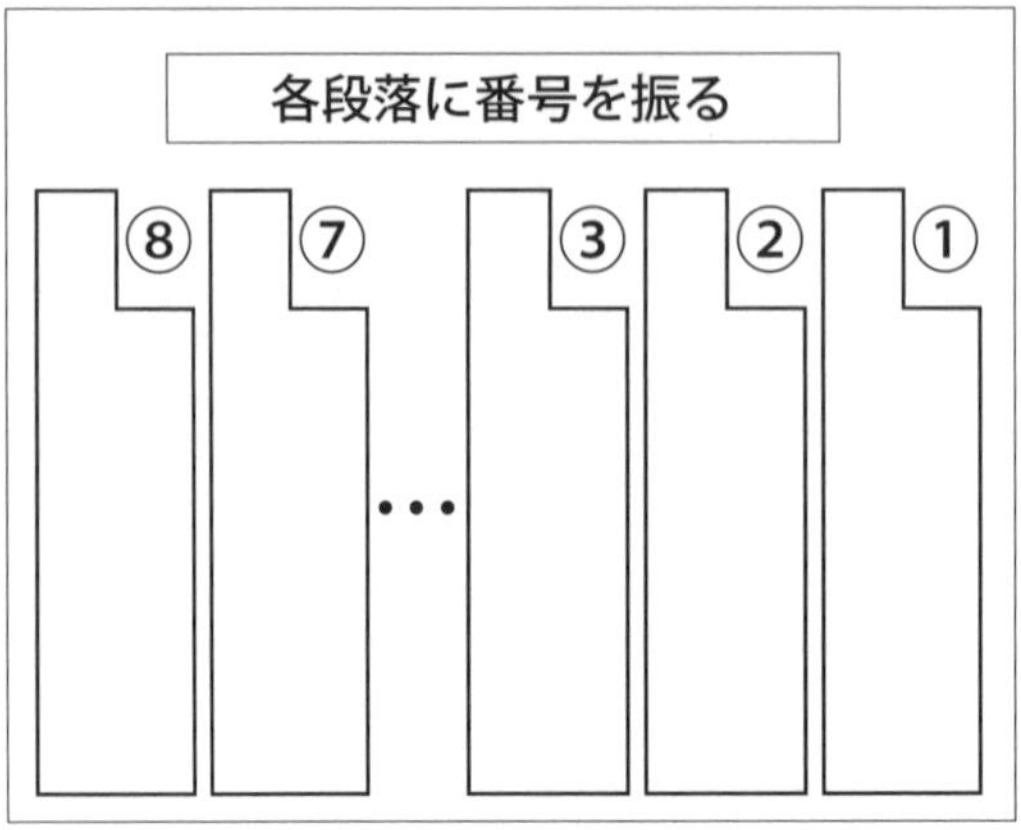

1 段落に番号を振る

説明文指導で最初にするのは、各段落に番号を振ることである。いくつの話題で組み立てられているのか文章の大体を把握することができる。

> 全部で何段落の説明文ですか。
> 各段落に番号を振りましょう。

全部で何段落なのか、あらかじめ教師が伝えると子どもは安心して作業できる。

2 トピックセンテンス

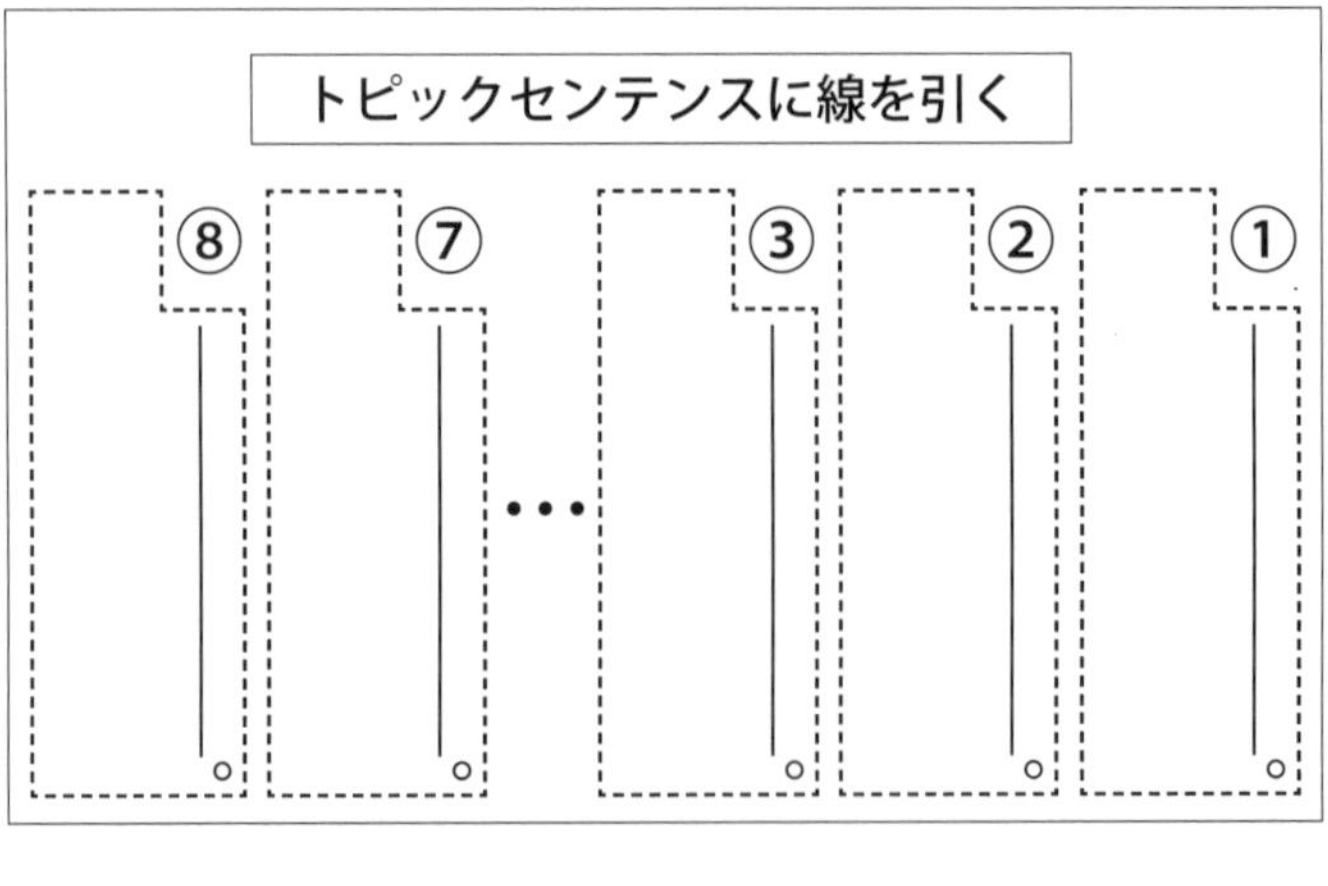

2 各段落の最初の一文に線を引く

段落の番号が確定したら、次は各段落の最初の一文に線を引く。

トピックセンテンスと言って、「これからこの段落では、このような内容について述べます」と段落の要点を一文で示している。中には、トピックセンテンスが、しっかりしていない説明文もある。しかし、多くの説明文は各段落の最初の一文で、要点を述べている。

> 各段落の最初の一文に線を引きます。
> 一段落の最初の一文だけ全員で読みましょう。
> 各段落の最初の一文をトピックセンテンスと言います。

> トピックセンテンスは、これからこの段落では、このようなことを述べますよという大事な一文です。各段落のトピックセンテンスだけを読むと、説明文の大体がわかるのです。

3 筆者の主張

トピックセンテンスだけを読めば説明文の大体がわかる。しかし、筆者の主張を理解するには、最後の段落の全てを扱う必要がある。

> 最後の段落はいくつの文でできていますか。

> その中で一番重要な一文はどれですか。

> 筆者の主張を三〇字以内でまとめましょう。

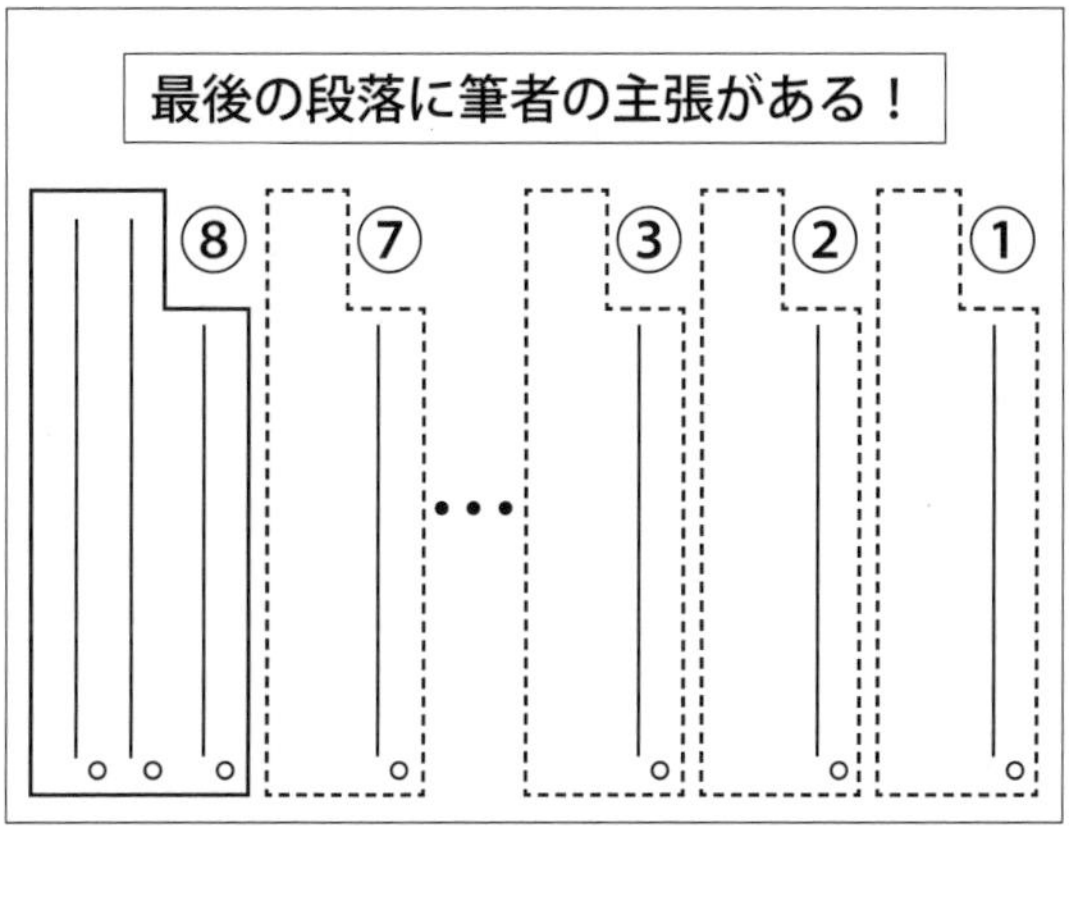

4 「問い」と「答え」

問いと答えがある場合はセットでまとめる

説明文の中には「問い」と「答え」の文が存在する時がある。

> 「問いかけ」の段落はどれですか。
> 「問いの一文」はどれですか。

「問い」でも、「イエス・ノー」で答えられる問いは扱わない。

例「ドラえもんは好きですか。」

> 「答え」の段落はどれですか。
> 「答えの一文」はどれですか。

5 指示語

「それ」が指す言葉を探す

筆者の主張の段落（主に最後の段落）において、指示語の役割は大きい。前の段落の内容を受けて主張を述べるからである。

> 「それ」とは何を指していますか。
> 「それ」に、言葉を入れて意味が通るようにしましょう。

指示語が指す言葉を確定することで、説明文の理解がより進むようになる。

6年生「メディアと人間社会」

> 全部で何段落の説明文ですか。

> 段落に番号を振りましょう。

六段落です。

「全部で六段落です。隣同士で確認しましょう」と伝えると子どもは安心して作業できる。

> 各段落の最初の一文に線を引きましょう。

次の六つの文になる。

1 私たち人間は、一人では生きられません。

2 情報を伝えるための手段として、古くから用いられてきたのは文字です。

3 電波を使った通信の発明は、情報を早く伝えたいという思いに応えるものでした。

4 やがて、電波を使って映像を送

るテレビ放送が始まります。

5 そして、二〇世紀の終わりが近づくと、インターネットが発明されます。

6 メディアは「思いや考えを伝えたい。」「社会がどうなっているのかを知りたい。」という人間の欲求と関わりながら進化してきました。

次に、筆者の主語が書いてある最終段落を扱う。

> 六段落は全部でいくつの文からできていますか。その中で一番重要な一文はどれですか。

しかし、どんなメディアが登場しても重要なのは、私たち人間がどんな欲求をもっているか、そして、その結果、メディアにどんなことを求めているのかを意識し、メディアと付き合っていくことではないでしょうか。

一番重要な文を確定したら指示語を扱う。

> 六段落の「その結果」の「その」とは何を指していますか。

「人間の欲求と関わりながら進化してきました。」が「その」に当たる。

しかし、この部分をそのまま「その」に代入しても意味が通らない。

そこで、書き換えさせる。

> 「その」に当てはめてもおかしくならないように書き換えましょう。

人間の欲求と関わりながら進化してきた結果

とすると、意味が通る文になります。

> 筆者の主張を「メディアと付き合っていくには」に続けて書きましょう。

子どもの答えを見るときにはキーワードを視点に入れるとよい。「欲求」は是非とも入れたい。

例　メディアと付き合っていくには、人間がどんな欲求をもつか意識することが重要。

子どもの意見を板書させて、話し合わせるのもよい。

（竹岡正和）

1 「言葉による見方・考え方」とは

POINT! 授業にして意味の是非を問うてみると……

「言葉による見方・考え方」とはなんともわかりにくい。公文書ではこう定義されている。

> 自分の思いや考えを深めるため、対象と言葉、言葉と言葉の関係を、言葉の意味、働き、使い方等に着目して捉え、その関係性を問い直して意味付けること。
> （平成28年12月21日中教審答申）

いまいち意味がわからない。

こういう時は授業の形にして是非を問う。

授業化すれば、どこをどう直せばよいか、具体的な代案をもらえるだろうからである。

> □に入る季節はいつですか。
>
> □川《かわ》を越すうれしさよ手に草履《ぞうり》
>
> ① 春
> ② 夏
> ③ 秋
> ④ 冬

季節を選ぶだけであるから、誰にでもできる。

挙手で人数分布を確認し、理由を書かせる。書けたら持って来させ、○をつける。勇気づけの○、と呼んでいる。発表を促す手段である。

> 理由を含めて発表しましょう。
>
> 「私は～だと考えます。なぜなら～だからです。」
>
> □川《かわ》を越すうれしさよ手に草履《ぞうり》
>
> ① 春
> ② 夏
> ③ 秋
> ④ 冬

その後、最も人数の少ない選択肢から理由を発表させる。

意見が途切れたところで討論を開始する。質問や反論が途切れたら、最もおかしいと考えるものを選ばせ、理由を発表させつつ、対立する二点に絞っていく。

「夏がやってきて、川を素足で渡ることができるようになった。涼しい、心地よい。その感動を詠った句です」とまとめる。

> **理由を含めて発表しましょう。**
> 「私は～だと考えます。なぜなら～だからです。」
>
> 皆人《みなひと》の昼寝《ひるね》の種《たね》や□の月
>
> ①春
> ②夏
> ③秋
> ④冬

同じ展開で二つ目の句を扱う。議論が一段落したら、「子どものいたずらが悩みの種だ」を例示して、「種」が「原因」という意味であることを押さえる。

「昼寝の原因、という意味ですね。何が原因なのですか。なぜ原因になるのですか。月が美しい季節はいつですか」とたたみ掛ける。秋という意見に納得するはずである。

> **最もふさわしくない季節を一つ選びなさい。**
>
> 斧《おの》入れて香《か》におどろくや□木立《こだち》
>
> ①春
> ②夏
> ③秋
> ④冬

同じ展開で最後の句を扱う。前の二句を「例題」的に扱い、ここはじっくりと検討したいところだ。

生徒から出なければ、以下の問いを示せばよい。

> この句の感動の中心はどこですか。
> 何の香りですか。
> 話者は木から香りがすることを想定していましたか。
> 木の香りにはっとするには、周りに他の香りがあったほうがよいですか、ないほうがよいですか。

ここまで意見を交流させた上で、「最も香りの少ない季節はいつですか」と落とし込む。

授業の最後には学習記録を書かせる。学びに整理を加えさせるのである。

以上が私の考える「言葉による見方・考え方を働かせた授業」の一例である。


（長谷川博之）

2 言語活動の充実とは

「話す・聞く・読む・書く」の言語活動充実が読解力づくりに直結！

1 文部科学省の定義

「言語活動」について、文部科学省は、次のように示している。

> 言語に関する能力の育成を図る上で、必要な言語環境を整え、児童の活動を充実すること

「言語に関する能力の育成」を図るという目的に向かって、「言語活動」を充実させていくことが求められる。

通常、言語活動とは、「話す」「聞く」「読む」「書く」の四つの活動がある。それぞれの活動における「言語活動の充実」を考える。

2 「話す」「聞く」言語活動の充実

まず、授業の中で、子どもたちが、たくさん「話をする」経験をさせることが重要である。その際に、発表する内容をまとめる時間を確保してやり、少人数グループでの練習から全体への発表というステップを踏むと、学級のどの子も、抵抗なく取り組むことができる。

話す活動は、聞く活動とセットである。話し手は、聞き手が理解しやすいように、以下の点に留意するようにする。

> ① 事実と意見を区別する
> ② 根拠を明らかにする
> ③ 説明の中心点を明らかにする

小学二年生において、神話「いなばのしろうさぎ」の読み聞かせを聞き、その感想を交流し合う授業実践がある。子どもたちは、自分なりに、興味・関心をもった箇所を選び、その感想を発表する。その際に、次のような指導の手順を踏む。

① 自分の感想を、ノートに書く。
② 発表の話型を示し、それを基にして、発表の練習をする。

③ グループ内で発表の練習をする。お互いにアドバイスし合う。

④ 全体に向けて、発表する。

3 「読む」言語活動の充実

文章を「読む」ためには、読み取りの「コード」を、子どもたちにもたせる必要がある。「コード」をもつことによって、「学習の転移」が可能になり、「文章の読み方」を学ぶことができるからである。

向山洋一氏の実践による向山型の「分析批評」を一年間継続して指導することで、子どもたちは、「分析批評のコード」を使って、文章の読み取りに活用できるようになった。

具体的には、一年間で五つの物語文教材を扱い、以下の「コード」を繰り返し指導した。

①登場人物　②主役（対役）
③事件　④クライマックス
⑤主題

「分析批評」においては、物語文教材の表現を「隅から隅まで」繰り返し読む必要が生じる。

その上で、自分なりの考えの「根拠」を考え出す時間をもつ。その継続的指導が「読む」言語活動の充実につながる。

4 「書く」言語活動の充実

子どもたちが、自分なりの課題をもち、調べる活動を行った後、それを文章に「書く」という一連の流れで行う「書く」単元がある。子どもたちは、自分の興味・関心があるものを読むので、意欲的に取り組む。

以下の内容が中心となる。

① 調べたもの
② 調べようと思ったわけ
③ 調べた本
④ 調べてわかったこと
⑤ 調べて考えたこと

「調べ活動」は、主に図書室にある百科事典を活用する。活動終了後に、作文を書かせる。

「調べたものは、イチゴです。調べようと思ったわけは、ぼくが、食べ物のなかで、イチゴが一番好きだからです。だから、イチゴについて、もっと知りたくなりました。（以下　略）」

作文の構成は、「調べ活動」の順に沿って書く。文章を書く「型」を身につけることができる活動である。

（松本一樹）

3 国語科における カリキュラム・マネジメントとは

POINT!
他教科の言語活動とのリンクで、学習効率と効果を高める

1 年間指導計画作成のポイント

カリキュラム・マネジメントで、学級担任がまずすべきことは、年間指導計画の作成だ。指導要領解説国語編に書いてある解説を押さえておきたい。

> 各学校においては、教科等の目標や内容を見通し、特に学習の基盤となる資質・能力や現代的な諸課題に対応して求められる資質・能力の育成のためには、教科等横断的な学習を充実することや、「主体的・対話的で深い学び」の実現に向けた授業改善を、単元や題材など内容や時間のまとまりを見通して行うことが求められる。（四〜五ページ）

肝は、「教科横断的な学習」である。国語だけを見るのではなく、各教科、教科以外の教育活動との関連を図りながら、学習の効果が高まるよう、単元配列を行う。

2 カリキュラム・マネジメントの手順

具体的な手順は、次の通りである。

> ①国語の教科書、全体を把握する。
> ②他教科の教科書、全体を把握する。
> ③教科外の教育活動、全体を把握する。
> ④学習効果が高まるよう、関連を図りながら配列し、年間指導計画を立てる。

学年始めは、忙しい。教科書をじっくりと読む余裕がない。昔なら「とりあえず夏休みまでの教材を見ておこう」ということも、許されたかもしれないが、カリキュラム・マネジメントを行うならば、始めから年間に扱う教材全てを把握しておく必要がある。

まず、国語の教科書全体を見通す。特に、「話すこと・聞くこと」の単元、「書くこと」の単元、複合単元については、どんな言語活動が例示されているのか、よく把握しておく。

次に、他教科の教科書、全体を把握する。生活と社会は、校外学習などと合わせて国語と関連させることができる学習内容が多い。

そして、総合的な学習の時間や特

別活動等、教科外の教育活動の全体を把握する。宿泊体験学習や各学校における特色ある行事も、国語と関連できる可能性がある。

上手に関連をもたせることで、言語活動に必然性が生まれ、「相手意識」「目的意識」をもたせることができる。また、調べ学習等での効率性が高まり、時数にも余裕が生まれる。

全ての教育活動には、言語活動がある。よって、国語をメインに他教科のカリキュラム・マネジメントも行っていくのがよい。

3 カリキュラム・マネジメントの具体例

光村図書、五年生の年間指導計画で、カリキュラム・マネジメントを行った例を示す。

「日常を十七音で」

俳句をつくる学習。教科書では、六月の単元だが、俳句は、夏休みの体験があると、よりつくりやすい。夏休み明けの九月に行う。

「みんなが過ごしやすい町へ」

調べたことをまとめ、報告文を書く学習。総合的な学習の時間等で、調査活動をする予定がある時期に合わせて行う。

「よりよい学校生活のために」

互いの立場を明確にして、話し合いをする学習。勤務校には、学校の特色で近隣の幼稚円と交流する活動がある。よりよい交流活動にするためには、どうしたらよいのか。特別活動と関連させて学習を行う。

「グラフや表を用いて書こう」

グラフや表を用いて、意見文を書く学習。教科書では、自由に統計資料を選ばせているが、社会の食糧生産の学習と関連させる。授業で扱った様々な統計資料を活用して、単元のまとめに、食糧生産に関する意見文を書く。

「あなたはどう考える」

自分の立場を決め、根拠を示しながら意見文を書く学習。三月の教材、「大造じいさんのガン」の学習で、評論文を書く学習と合わせる。学級で討論をしたことをもとに、自分の考えの根拠を明確にしながら評論文を書く。

「この本、おすすめします」

本の推薦文を書く学習。秋にある全校読書週間に合わせる。または、夏休みや冬休み等、長期休みに合わせた単元配列も考えられる。

「提案しよう、言葉とわたしたち」

説得力のあるスピーチをする学習。年度当初は教科書通りの計画とするが、特別活動や総合で必要が生じたときには、題材を入れ替える。

（武田晃治）

4　国語科におけるICT機器の活用とは

POINT!　プログラミング体験から始めよう

> 情報活用能力の育成を図るため、各学校において、コンピュータや情報通信ネットワークなどの情報手段を活用するために必要な環境を整え、これらを適切に活用した学習活動の充実を図ること。また、各種の統計資料や新聞、視聴覚教材や教育機器などの教材・教具の適切な活用を図ること。（中略）ア　児童がコンピュータで文字を入力するなどの学習の基盤として必要となる情報手段の基本的な操作を習得するための学習活動

と、新学習指導要領の総則に書かれている。情報手段の基本的な操作とは、小学校でいったら、ローマ字入力、ローマ字入力を通しての検索等のことである。

ローマ字は中学年で学習する。子どもは、ひらがな、カタカナ、漢字には慣れているが、英語となると慣れていない子がほとんどである。

馴染みがないので覚えることに苦労している子がいる実態がある。

いきなり今日から知らない言語を覚えなさいと言われれば、大人でも書けない。これと同じである。

また、文字の習得は技能である。

技能習得のための原理は「お手本の摸倣」と「反復による習熟」である。

このことを踏まえローマ字指導を行うが、ローマ字の単元だけで覚えられる子は少ない。

ローマ字の習得は、新出漢字の学習と同じように、授業の中で数分間継続的に行うと効果的である。

ローマ字を覚えたら、実際にパソコンに打ち込み、ローマ字入力を身につけることにつなげなければならない。

「キーボードのどこにどのアルファベットがあるかわからない」という子がはじめはいる。これは慣れることで解消される。

パソコンに入っているタイピングソフトを使うと楽しみながら覚えていくことができる。

また、教師が、プリントに、日

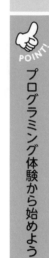

本語で「そら」「あお」等と言葉を一〇個以上書いておき、それをローマ字で打つ作業をすると、徐々にローマ字入力ができるようになってくる。文章を書いておいてそれを写させたり、できるようになった子には、書きたい文章や招待状等を作らせるとよい。楽しみながら覚えられる状況を作り出したい。

　日本語の横にローマ字での正しい打ち方を書いておくと、お手本の摸倣になり、苦手な子に優しい授業の工夫になる。

　同じ問題だけでは飽きるので、徐々に難しい問題にして変化のある繰り返しの中でローマ字の入力技術を高めていくとよい。この活動が反復による習熟につながる。

　ローマ字入力の基本的な技術が身についたら、国語の単元と関連させて調べ学習等を行うとよい。

　例えば「生き物図鑑」等、自分の調べたいことを調べ、まとめ、発表する単元では、身につけたスキルを使いインターネットで知りたいことを検索する。

　検索することでいろんなサイトにつながるので、子どもは、どんな情報が載っているのかワクワクドキドキし、楽しんで学習することができる。このように、情報手段の基本的な操作を習得させていきたい。

　各学校により現状は違うが、ICT環境が整えられてきている。

　タブレット型のICT機器が入っている学校もある。誰かが自分の考えをタブレットに絵で表すと、その情報が全員のタブレットに写し出され、黒板に書くことなく、情報を共有することができる。

　写し出された意見に対して、反対意見を言って話し合いをすることもできる。

　ICT機器を活用することで時間を効果的に使うことができ、学習効果も上がる。

　学習指導要領の総則には、

> 児童がプログラミングを体験しながら、コンピュータに意図した処理を行わせるために必要な論理的思考力を身に付けるための学習活動

を行うとも明記されている。

　パソコンに小学生でもできるプログラミングソフトを入れ、プログラムを作成させる。

　簡単に作ることができ、楽しい中でプログラムの作り方を覚えることができる。プログラムの技術習得と同時に論理的思考も身につけることができ、国語の学習にも生かされる。

（北倉邦信）

◎執筆者一覧　※印は編者

長谷川博之　埼玉県公立中学校教諭　※
小田哲也　長崎県公立小学校教諭
原田朋哉　大阪府公立小学校教諭
田中一智　大阪府公立小学校教諭
松本一樹　栃木県公立小学校教諭
田中一智　大阪府公立小学校教諭
村野　聡　東京都公立小学校教諭　※
吉田知寛　東京都公立小学校教諭
竹岡正和　埼玉県公立小学校教諭
雨宮　久　山梨県公立小学校元教諭　※
田丸義明　神奈川県公立小学校教諭　※
北倉邦信　東京都公立小学校教諭
保坂雅幸　東京都公立小学校教諭
武田晃治　神奈川県公立小学校教諭

◎監修者

谷　和樹（たに・かずき）

玉川大学教職大学院教授

◎編者

村野　聡（むらの・さとし）

長谷川博之（はせがわ・ひろゆき）

雨宮　久（あめみや・ひさし）

田丸義明（たまる・よしあき）

授業の腕が上がる新法則シリーズ

「国語」授業の腕が上がる新法則

2020年4月30日　初版発行

監　修　谷　和樹

編　集　村野　聡・長谷川博之・雨宮　久・田丸義明

執　筆　「国語」授業の腕が上がる新法則　執筆委員会

発行者　小島直人

発行所　株式会社学芸みらい社

〒162-0833　東京都新宿区箪笥町31箪笥町SKビル

電話番号 03-5227-1266

http://www.gakugeimirai.jp/

E-mail : info@gakugeimirai.jp

印刷所・製本所　藤原印刷株式会社

企　画　樋口雅子

校　正　米原典子

装　丁　小沼孝至

本文組版　吉久隆志・古川美佐（エディプレッション）

落丁・乱丁本は弊社宛お送りください。送料弊社負担でお取り替えいたします。

ISBN978-4-909783-30-1 C3037

授業の腕が上がる新法則シリーズ　全13巻

監修：谷 和樹（玉川大学教職大学院教授）

新指導要領対応！

新教科書による「新しい学び」時代、幕開け！
2020年度からの授業スタイルを「見える化」誌面で発信！

4大特徴
- 基礎単元＋新単元をカバー
- 授業アイデア＆スキル大集合
- 授業イメージ、一目で早わかり
- 新時代のデジタル認識力を鍛える

◆「国語」授業の腕が上がる新法則
村野 聡・長谷川博之・雨宮 久・田丸義明 編
978-4-909783-30-1 C3037　本体1700円（＋税）

◆「算数」授業の腕が上がる新法則
木村重夫・林 健広・戸村隆之 編
978-4-909783-31-8 C3037　本体1700円（＋税）

◆「生活科」授業の腕が上がる新法則※
勇 和代・原田朋哉 編
978-4-909783-41-7 C3037　本体2400円（＋税）

◆「図画工作」授業の腕が上がる新法則 1～3年生編※
酒井臣吾・谷岡裕美 編
978-4-909783-35-6 C3037　本体2400円（＋税）

◆「家庭科」授業の腕が上がる新法則
白石和子・川津知佳子 編
978-4-909783-40-0 C3037　本体1700円（＋税）

◆「道徳」授業の腕が上がる新法則 1～3年生編
河田孝文・堀田和秀 編
978-4-909783-38-7 C3037　本体1700円（＋税）

◆「社会」授業の腕が上がる新法則
川原雅樹・桜木泰自 編
978-4-909783-32-5 C3037　本体1700円（＋税）

◆「理科」授業の腕が上がる新法則※
小森栄治・千葉雄二・吉原尚寛 編
978-4-909783-33-2 C3037　本体2400円（＋税）

◆「音楽」授業の腕が上がる新法則
関根朋子 編
978-4-909783-34-9 C3037　本体1700円（＋税）

◆「図画工作」授業の腕が上がる新法則 4～6年生編※
酒井臣吾・上木信弘 編
978-4-909783-36-3 C3037　本体2400円（＋税）

◆「体育」授業の腕が上がる新法則
村田正樹・桑原和彦 編
978-4-909783-37-0 C3037　本体1700円（＋税）

◆「道徳」授業の腕が上がる新法則 4～6年生編
河田孝文・堀田和秀 編
978-4-909783-39-4 C3037　本体1700円（＋税）

◆「プログラミング」授業の腕が上がる新法則
許 鍾萬 編
978-4-909783-42-4 C3037　本体1700円（＋税）

各巻A5判並製
※印はオールカラー

激動する社会の変化に対応する教育へのパラダイムシフト――谷 和樹

PBIS（ポジティブな行動介入と支援）というシステムを取り入れているアメリカの学校では「本人の選択」という考え方が浸透しています。その時の子ども本人の心や体の状態によって、できることは違います。それを確認し、あくまでも本人にその時の行動を選ばせるという方法です。これと教科の指導とを同じに考えることはできないかも知れません。しかし、「本人の選択」を可能にする学習サービスが世界的に広がり、増え続けていることもまた事実です。

また、写真、動画、Webページなど、全教科のあらゆる知識をデジタルメディアで読む機会の方が多くなっているのが今の社会です。そうした「デジタル読解力」について、今の学校のカリキュラムは十分に対応しているとは言えません。

子どもたち「本人の選択」を保障する考え方、そして幅広い「デジタル読解力」を必須とする考え方を公教育の中で真剣に考える時代が到来しつつあります。

本書ではこうしたニーズにできるだけ答えたいと思いました。

本書の読者のみなさんの中から、そうした問題意識をもち、一緒に研究を進めていただける方がたくさん出てくださることを心から願っています。

学芸みらい社の好評既刊

日本全国の書店や、アマゾン他のネット書店で注文・購入できます!

『教室ツーウェイNEXT』バックナンバー

創刊記念1号

【特集】〈超有名授業30例〉アクティブ・ラーニング先取り体験!

【ミニ特集】発達障がい児のアクティブ・ラーニング指導の準備ポイント

A5判 並製: 172ページ
定価:1500円+税
ISBN-13:978-4908637117

創刊2号

【特集】やりぬく、集中、忍耐、対話、創造…"非認知能力"で激変!子どもの学習態度50例!

【ミニ特集】
いじめ —— 世界で動き出した新対応

A5判 並製: 172ページ
定価:1500円+税
ISBN-13:978-4908637254

3号

【特集】移行措置への鉄ペキ準備 新指導要領のキーワード100

【ミニ特集】
いじめディープラーニング

A5判 並製: 172ページ
定価:1500円+税
ISBN-13:978-4908637308

4号

【特集】"合理的配慮"ある 年間プラン&レイアウト63例

【ミニ特集】アクティブ型学力の計測と新テスト開発の動向

A5判 並製: 172ページ
定価:1500円+税
ISBN-13:978-4908637414

5号

【特集】"学習困難さ状態" 変化が起こる授業支援60

【ミニ特集】2学期の荒れ——微細兆候を見逃さないチェック法

A5判 並製: 168ページ
定価:1500円+税
ISBN-13:978-4908637537

6号

【特集】「道徳教科書」活用考える道徳授業テーマ100

【ミニ特集】"小学英語"移行措置=達人に聞く決め手!

A5判 並製: 176ページ
定価:1500円+税
ISBN-13:978-4908637605

7号

【特集】教科書の完全攻略・使い倒し授業の定石59!

意外と知らない教科書の仕掛けを一挙公開。

【ミニ特集】クラッシャー教師の危険

A5判 並製: 180ページ
定価:1600円+税
ISBN-13:978-4908637704

8号

【特集】「主体的学び」に直結! 熱中教材・ほめ言葉100

新指導要領を教室で実現するヒント

【ミニ特集】教育改革の新しい動き

A5判 並製: 172ページ
定価:1600円+税
ISBN-13:978-4908637872

9号

【特集】「通知表の評価言—AL的表記への変換ヒント」

【ミニ特集】学校の働き方改革—教師の仕事・業務チェック術

A5判 並製: 156ページ
定価:1600円+税
ISBN-13:978-4908637995

10号

【特集】黄金の授業開き おもしろ導入クイズ100選

【ミニ特集】プロに聞く"校内研修テーマ"の最前線

A5判 並製: 156ページ
定価:1600円+税
ISBN-13:978-4908637117

11号

【特集】2~3学期の超難単元 楽しくトライ! 授業アイデア50

【ミニ特集】東京オリ・パラ=子どもに語るエピソード10

A5判並製:164ページ
定価:1600円+税
ISBN-13:978-4909783158

12号

【特集】「教え方改革」新年度計画 働き方連動プラン54

【ミニ特集】子供に入る"学級開き決意表明"シナリオ例

A5判並製:168ページ
定価:1600円+税
ISBN-13:978-4909783264